FINANCES PUBLIQUES ET DÉCENTRALISATION AU CAMEROUN

PUBLIC FINANCES AND DECENTRALISATION IN CAMEROUN

Finances publiques/Public finance
Collection dirigée par/ Collection directed by Thierry Lambert

Les finances publiques connaissent un développement important et se diversifient. Cette discipline couvre notamment les finances de l'État, le droit public financier, le droit fiscal, les finances communautaires, les finances locales, les finances sociales, les finances internationales et comparées, les procédures fiscales ainsi que le droit douanier. Ces questions peuvent être envisagées dans un cadre national, communautaire ou mondial.
La présente collection a pour vocation de publier des travaux originaux (thèses, essais, colloques...) ou de facture plus classique (manuels, commentaires de textes, recueils de documents...).
Elle a aussi pour ambition de rééditer des ouvrages aujourd'hui introuvables, mais fort utiles, dès lors qu'ils s'imposent comme référence et qu'ils sont agrémentés d'une préface substantielle.

Public finance steadily developing and diversifying. This discipline more particulary covers state finance, public finance law, tax law, EU finance, local finance, social finance, international and comparative finance, tax procedures and customs law. Those questions can be considered within a national community or global framework.
The aim of this collection is to publish original works (theses, essays, symposiums...) or more traditional ones (textbooks text analyses, collections of documents ...).
In addition, it is meant to re-publish books which are currently untraceable no matter how useful provided they stand as genuine references and contain substantial prefaces.

Dernières parutions

Simon RIO, *Les dispositifs anti-abus en droit fiscal international, Contribution à l'étude de la théorie de l'abus de droit appliquée au droit fiscal internationa*l, 2024.
Yoan ANTONIO, *L'intégration de l'égalité femmes-hommes dans le budget de l'État*, 2024.

François Marie DJOA BOYAM

FINANCES PUBLIQUES ET DÉCENTRALISATION AU CAMEROUN

PUBLIC FINANCES AND DECENTRALISATION IN CAMEROUN

Préface de FAME NDONGO
Avant-propos de Père Paul NDE

L'Harmattan

5-7, rue de l'École-Polytechnique - 75005 Paris

www.editions-harmattan.fr

ISBN : 978-2-336-46067-3
EAN : 9782336460673

PRÉFACE

Au cœur des enjeux socio-économiques du Cameroun, l'ouvrage de François Marie DJOA BOYAM : **FINANCES PUBLIQUES ET DECENTRALISATION**, ce diptyque à valeur additionnelle, se donne pour ambition de guider le lecteur à travers les dédales complexes des finances publiques et de la décentralisation. Ces thèmes, interconnectés et cruciaux pour le développement national, sont ici scrutés avec une rigueur analytique et un esprit critique tributaire du profil académique et de la riche expérience professionnelle de son auteur.

En effet, les finances publiques, véritable colonne vertébrale de toute économie, sont également au cœur de nos préoccupations. L'allocation judicieuse des ressources, la transparence et la responsabilité dans leur gestion sont des éléments clés pour garantir une croissance durable et équitable.

À l'heure de la mise en œuvre de la Stratégie Nationale de Développement à l'horizon 2030, il importe, plus que par le passé, de s'assurer que la politique de gestion des finances publiques réponde aux exigences de développement durable et qu'elle s'intègre de manière harmonieuse dans le contexte de décentralisation implémenté par le gouvernement. Ce processus dynamique et incontournable, occupe une place prépondérante dans la quête de l'autonomie des collectivités locales. Dès lors, la décentralisation devient un pilier essentiel de la gouvernance locale, capable de favoriser une répartition plus équitable des ressources et de stimuler le développement endogène.

Le droit budgétaire des collectivités territoriales décentralisées quant à lui joue un rôle central dans le processus de décentralisation, régissant la planification, l'exécution et le contrôle des budgets locaux. L'auteur plonge à l'occasion le lecteur dans les mécanismes juridiques qui encadrent ces processus, évaluant leur efficacité à l'aune de la promotion de la transparence, de la responsabilité et de la participation citoyenne.

À travers une approche multidisciplinaire, l'auteur examine comment le Cameroun s'engage dans cette voie, explorant les succès, les défis et les perspectives, tout en mettant en lumière le cadre juridique qui encadre les décisions budgétaires au niveau local.

Cet ouvrage, qui a le mérite d'être livré dans un format de bilinguisme officiel, se une contribution significative à la compréhension des dynamiques complexes qui sous-tendant les finances publiques, la décentralisation et le droit budgétaire des collectivités territoriales décentralisées au Cameroun. Vivement que les chercheurs, les décideurs, les praticiens et tous ceux qui sont intéressés par les questions cruciales de gouvernance y trouvent une source d'informations riches et éclairantes.

Professeur Jacques FAME NDONGO
Ministre d'État, Ministre de
L'Enseignement Supérieur

RECONNAISSANCE ET REMERCIEMENTS

Ma grande reconnaissance au Dieu tout-puissant qui m'a toujours accordé une place de choix, tant dans mon parcours académique que professionnel et n'a cessé de me combler de Ses multiples grâces.

Mes remerciements vont également à ma grande famille, à mes collègues administrateurs de l'ex-CEFAM, mes homologues maires, mes amis dont les remarques très judicieuses m'ont aidé écrire ainsi qu'à mon cher fils pour son attentive relecture de cette édition, sans oublier Mlle Huguette BOUTARD et HUMBERT Pierre ; expert de la coopération française (APCI), venus se joindre à nous pour l'ouverture du CEFAM.

L'auteur demeure bien évidemment, seul responsable des imperfections de l'ouvrage. Mais il tient à préciser que ce n'est qu'une contribution au partage de la connaissance dans le domaine des finances publiques.

AVANT-PROPOS

Simone Veil disait : « *l'esprit d'abstraction tue l'homme* ». Dans le contexte camerounais, les Finances publiques semblent s'inscrire dans ce sillage de l'abstraction meurtrière. Devenues la chose la plus protégée de la gestion des biens de l'État, elles ne sont plus que visiblement la chasse gardée de certains décideurs.

Les finances publiques deviennent, en quelque sorte, un bien précieux fondé sur la « *transparence* » de chaque décideur des biens publics à chaque étape d'une prise de décision pour la bonne utilisation des fonds que l'État met à la disposition des différentes composantes de l'organisation du pays.

En effet, le budget de l'État devrait être mis à la disposition du public pour des besoins de transparence, en vue de garantir l'intérêt de tous les citoyens, sans discrimination aucune. Ceci, d'autant plus que le développement pour lequel ces fonds sont mis à disposition est destiné à atteindre toutes les couches de la population camerounaise. Ainsi, la vulgarisation de l'information contenue dans le présent document devrait, à notre avis, permettre à tous les citoyens de s'inscrire dans l'esprit de la loi n° 2018/011 du 11 juillet 2018 portant Code de transparence de la bonne gouvernance de notre pays selon la directive CEMAC du 11 Décembre 2011.

Afin que nul n'en ignore, le décret n°2023/7405 du 06 septembre 2023 fixant la répartition de la dotation générale de la décentralisation au titre de l'exercice 2023, précise clairement l'esprit avec lequel tous les gestionnaires des biens publics devraient opérer. Ce qui témoigne à suffisance de l'intérêt manifeste que le Président de la République, Son Excellence Paul Biya, porte à l'épanouissement des collectivités territoriales de façon générale et de chaque citoyen camerounais en particulier. À cet effet, il précise dans son ouvrage, *Pour le libéralisme communautaire*, la nécessité « *de promouvoir l'éthique communautaire et la solidarité dans une société organisée, structurée et disciplinée où règne le sens du bien commun* ».

En effet, si nul n'est censé ignorer la loi, toutes les dispositions règlementaires, y compris celles contenues dans la loi n° 2019/024 du 24 décembre 2019 portant Code général des Collectivités Territoriales Décentralisées dont l'une des missions est l'amélioration du cadre et des conditions de vie des populations, devraient permettre à nos jeunes générations rendues au terme de leurs parcours académiques, de s'adapter aisément au monde de l'emploi en vue d'une meilleure gestion de l'environnement et des ressources naturelles.

Raison pour laquelle cette disposition juridique invite les collectivités territoriales de base à favoriser l'émergence de toutes les classes de femmes et d'hommes d'affaires, sans favoritisme aucun, afin qu'elles se déploient avec beaucoup d'engouement dans leurs activités quotidiennes. Sur la base de ce préalable, la terre, notre maison commune et nos ressources naturelles pourraient ainsi être exploitées à bon escient.

C'est dans l'optique de contribuer à diffuser et à faciliter l'appropriation de cette dynamique, que DJOA BOYAM François Marie, à qui le sujet est familier, propose cette réflexion. Il s'agit donc d'un ouvrage destiné à aider tout gestionnaire de la sphère collective et publique à connaître les textes de base, les différents concepts liés aux finances publiques, le processus d'élaboration du budget, l'exécution et le contrôle de celui-ci, etc. Un accent particulier est mis à la clarification de ces problématiques en vue d'une compréhension basique des objectifs assignés aux Collectivités Territoriales Décentralisées.

C'est donc une contribution significative et un ouvrage auquel le lecteur va s'attacher trop vite, pour peu que les problématiques abordées le préoccupent et dont je vous recommande vivement la lecture.

Père Paul NDE, C.S.Sp.
Service Pastorale de l'émigration
Archidiocèse de Turin – Italie

LISTE DES ABRÉVIATIONS

AER	Agence d'Electrification Rurale
A.N	Assemblée Nationale
ANIF	Agence Nationale d'Investigation Financière.
ANTILOPE	Application Nationale pour le Traitement Informatique et Logistique du Personnel de l'État.
APE	Accords de Partenariats Economiques
ARMP	l'Agence de Régulation des Marchés Publics
Art	article
AES-SONEL	American Electicity Energy- Société nationale d'électricité
ARSEL	Agence de Régulation du Secteur de l'Électricité
BEAC	Banque des États de l'Afrique Centrale
BM	Banque Mondiale
BUCREP	Bureau Central des Recensements et des Études des Populations
CAA	Caisse Autonome d'Amortissement
CC	Cour des Comptes

CC	Conseil Constitutionnel
CDBF	Conseil de Discipline Budgétaire et Financier
D2D	Contrat de Désendettement et de Développement
CEMAC	Commission des Economique et Monétaire de l'Afrique Centrale
Cf	Confère
CH	Chapitre
COMFIB	Commission Financière et Budgétaire
CONAC	Commission Nationale Anti-Corruption
CNDP	Comité National de la Dette Publique
CNC	Conseil National de la Communication
CNI	Carte Nationale d'Identité
CONSUPE	Contrôle Supérieur de l'État
CRTV	Cameroon Radio and Télévision
CTD	Collectivité Territoriale Décentralisée
CTS	Comité Technique Spécial
DGB	Direction Générale du Budget
DGD	Direction Générale des Douanes
DGI	Direction Générale des Impôts
CNPS	Caisse National de Prévoyance Social
DOB	Débat d'Orientation Budgétaire
DSCE	Document de Stratégie pour la Croissance et l'Emploi
DSRP	Document de Stratégie pour la Réduction de la Pauvreté
E.P	Établissement Publics

ENAM	Ecole Nationale d'Administration t de Magistrature
FEICOM	Fonds Spécial d'Équipement et d'Intervention Intercommunale
FMI	Fond Monétaire International
GICAM	Groupement Inter patronal du Cameroun
INS	Institut National de la Statistique
LF	Loi de Finances
LFA	Loi de Finances de l'Année
LFI	Loi de Finances Intermédiaire
LFP	Loi de Finances Partielle
LFR	Loi de Finances Rectificative
LOLF	Loi d'Orientation de la Loi de Finances
MINFI	Ministère des Finances
NBC	Nomenclature Budgétaire Communale
PCSC	Plan comptable sectoriel communal
PLF	Projet de Loi de Finances
PM	Premier Ministre
PNDP	Programme National de Développement Participatif
PPBS	Planification, Programmation, Budgétisation et suivi-évaluation
PR	Président de la République
PTT	Poste Télécommunication et Télex
PPTE	Pays Pauvre Très Endetté
PIB	Produit Intérieur Brut
RCB	Rationalisation du Choix Budgétaire

SECT	Section
SSCS	Section Spécialisée de la Cour Suprême
SIGIPES	Système Informatisé de Gestion Intégré du Personnel et de la Solde
SND30	Stratégie Nationale de Développement 2020-2030
SONEL	Société nationale d'électricité
TAN	travaux à l'Assemblée Nationale
TCS	Tribunal Criminel Spécial
TGI	Tribunal de Grande Instance
TPI	Tribunal de Première Instance
UMAC-CM	Union Monétaire d'Afrique Centrale-Cameroun

INTRODUCTION

L'État est une personne morale opérant comme une entreprise qui ne peut accomplir ses fonctions sans ressources d'où la place prépondérante qu'occupent les finances publiques dans le fonctionnement de l'administration publique.

Ce manuel a pour objet de mettre à la disposition des lecteurs les instruments de coordination et de cohérence dans l'initiative et l'instruction des opérations de gestion des comptes publiques.

Au plan réglementaire, les lacunes observées dans la gestion des finances publiques concernent aussi bien l'élaboration que la mise en œuvre et surtout le suivi évaluation de la mise en œuvre des politiques en matière de gestion et de reddition des comptes.

Sur le plan organisationnel, des insuffisances sont relevées dans l'application des mesures permettant de s'assurer que les fonds mis à la disposition des institutions et des entreprises publiques et privées sont utilisés à bon escient. Il résulte une méconnaissance des modalités de décaissement et d'utilisation des fonds entrainant ainsi des fautes de gestion.

Pour bien cerner la notion de finances publiques nous adopterons deux postures. Il s'agira tour à tour de l'acception formelle SECTION1 et de l'acception matérielle SECTION 2.

SECTION 1. L'ACCEPTION FORMELLE DES FINANCES PUBLIQUES

Formellement, Les finances publiques sont un sous-ensemble du droit public général. Ses sources (p1) et son cadre institutionnel (p2) justifient dans une large mesure cette double filiation.

§1. Les sources des finances publiques

Les textes (**A**) du droit positif, la jurisprudence (B) et la doctrine (C) sont les sources des finances publiques.

A. Les textes

De nombreux textes juridiques portent sur la gestion des finances publiques. Il est classique de les présenter suivant une classification qui repose sur le critère de leur autorité. Sur cette base, on distingue les sources dites supra législatives (1) de celles qualifiées d'infra conventionnelles.

1. Les sources supra législatives

Les sources supra législatives désignent tous les textes de valeur juridique supérieure à celle de la loi. Dans l'ordre juridique camerounais, sont ainsi qualifiées la Constitution et les traités et accords internationaux.

a. La constitution

Quelques prescriptions inscrites dans la loi fondamentale du 18 janvier. 1996 se rapportent plus ou moins précisément aux finances publiques. Elles visent notamment à encadrer les pouvoirs budgétaires. On en trouve aux articles 26 (2-
d), 16 (3-b), 18 (1-3), 38, 41, 43 et suivants, 55 et suivants1.

b. Les traites et accords internationaux

Les traités et accords internationaux forment les sources externes des finances publiques camerounaises. Cela est perceptible à différents niveaux.

La participation de l'État à la vie internationale peut avoir une portée budgétaire.

En effet, on retrouve dans la nomenclature budgétaire, les emprunts et concours financiers extérieurs qui découlent des conventions, accords et traités multilatéraux (avec la BM, le FMI) ou bilatéraux (C2D avec l'État français). L'État peut aussi contribuer financièrement au fonctionnement des organismes internationaux.

Les actes juridiques établis dans le cadre de la CEMAC ne sont pas moins importants. Il s'agit des directives convenues en Conseil des ministres en vue d'atteindre les objectifs fixés par le traité du 16 mars 1994 instituant en substance : - l'article 26 (1) Inscrit les questions financières et patrimoniales dans le domaine de la loi ;

- l'article 16 (3-b) relatif à l'adoption ou non du budget de l'État à l'Assemblée nationale, on observe cependant que le constituant n'a pas expressément énoncé que le Sénat prend aussi pleinement part à l'autorisation budgétaire assure un rôle identique ;
- les articles 18 (1-a) relatif aux conditions de recevabilité des propositions de loi ou amendements parlementaires ;
- les articles 38 et 41 afférents à l'institution d'une Chambre des comptes à la Cour suprême et des tribunaux régionaux des comptes ;
- les articles 43 et suivants qui fondent la prééminence des conventions financières Internationales sur les lois nationales ;
- les articles 55 et suivants en vertu desquels les Collectivités Territoriales Décentralisés jouissent, en plus de l'autonomie administrative, d'une autonomie Financière pour la gestion de leurs intérêts ; Communauté et ses additifs en date du 5 juillet 1996 et du 25 avril 2007. On en dénombre au moins six (cf. bibliographie) 2.

2. Les sources infra conventionnelles

Est ainsi désignée la multitude d'actes législatifs et réglementaires fixant les régimes de gestion financière publique.

A. Les lois

Dans la catégorie des actes législatifs, on peut évoquer, en premier lieu, les lois du 11 juillet 2018 celles n° 2018-011 portant code de transparence et de bonne gouvernance dans la gestion des finances publiques au Cameroun et n'2018-012 portant régime financier de l'État et des autres entités publiques. Ce nouveau cadre législatif met un terme à une dizaine d'années de vigueur de la loi n° 2007-006 du 26 décembre 2007 portant régime financier de l'État qui a, en son temps, abrogé l'ordonnance fédérale du 7 février 1962.3.

Si les lois de 2018 susmentionnées fixent actuellement le cadre juridique rénové de gestion des finances des personnes publiques, on en dénombre bien d'autres d'une dimension plutôt sectorielle (cf. bibliographie). Ces lois sont souvent complétées par des actes réglementaires.

B. Les règlements

Relativement aux actes réglementaires prescrivant des normes de droit public financier, on peut énumérer divers décrets (cf. bibliographie). À cette variété de textes, se greffent aussi des circulaires et autres instructions pris en majorité par le ministre des Finances. En fin d'année, ce dernier prend une circulaire ayant pour objet d'expliquer les dispositions de chaque nouvelle loi de finances initiale, afin d'en garantir une bonne application. Comme les autres textes, ils sont susceptibles d'interprétation par les juges.

L'ensemble de ces directives fixe des règles de droit (dérivé) qui lient tout État membre de la communauté quant au résultat à atteindre tout en laissant aux instances nationales leur compétence en ce qui concerne les moyens et la forme, législative ou réglementaire. Autrement dit, les États doivent les transposer dans leur droit national.

On y oppose les règlements communautaires qui désignent des actes juridiques émanant aussi des institutions communautaires, de portée générale et obligatoire.

Les États membres doivent obligatoirement les mettre en œuvre dans toutes leurs dispositions de manière immédiate et directe, sans qu'il soit nécessaire de les transposer dans l'ordre interne. Quelle qu'en soit leur époque, ces textes ont en commun de déterminer les règles d'élaboration des lois de finances et d'établissement du budget, de fixer les conditions d'exécution du budget et d'indiquer les modalités de contrôle de cette exécution.

C. La jurisprudence

Contrairement à la France marquée par l'ancienneté de ses institutions, d'une part, et l'importance de la jurisprudence du Conseil constitutionnel et de celle des juridictions financières, d'autre part, le Cameroun affiche plutôt une jurisprudence embryonnaire dans le domaine des finances publiques.

1. La jurisprudence constitutionnelle

Le Conseil constitutionnel camerounais est relativement jeune compte tenu de sa mise en place récente. Les conditions très élitistes de sa saisine ne favorisent pas le contrôle de constitutionnalité des lois de finances. Par ailleurs, les lois du 11 Juillet 2018 précitées, comme les textes qui les ont précédées, ne peuvent servir de norme de référence pour un contrôle de constitutionnalité.

2. La jurisprudence de la Chambre des comptes

La Chambre des comptes de la Cour suprême, qui totalise au moins dix années d'existence, compte à son actif plusieurs décisions rendues en matière d'apurement des comptes publics. De par son abondante activité, elle peut contribuer à l'élaboration d'une partie du droit budgétaire et surtout comptable.

La Cour suprême a néanmoins siégé en ses lieux et place à titre transitoire jusqu'à sa mise en place effective en 2017.

Une loi organique, en France, est une loi votée par le Parlement pour préciser ou compléter les dispositions de la Constitution. Elle précise en l'occurrence les modalités d'organisation et de fonctionnement des pouvoirs publics. La Constitution de 1958 prévoit limitativement les cas de recours aux lois organiques et fait de celles-ci une nouvelle catégorie de lois entre les lois constitutionnelles et les lois ordinaires en les soumettant à des conditions particulières d'adoption et de contrôle.

Au Gabon, Sénégal, Bénin, Maroc, Madagascar, etc., contrairement au Cameroun, elles sont prévues dans la Constitution. Elles présentent, dans ces pays, l'avantage de servir de norme de référence au contrôle de constitutionnalité.

La LOI du 1er août 2001 a abrogé l'ordonnance organique du 2 janvier 1959.

En droit français, le bloc de constitutionnalité ou les normes constitutionnelles de référence (c'est-à dire la Constitution au sens large du terme ou lato sensu) désignent l'ensemble des normes juridiques appliquées par le Conseil constitutionnel dans son contrôle des lois.

En effet, s'il est théoriquement établi que le juge n'est pas censé créer le droit c'est- à-dire qu'il est simplement tenu de le « dire-, cette contrainte n'a de valeur que lorsque les textes législatifs et réglementaires sont aisément applicables ou s'interprètent sans difficulté. Dans le cas contraire, le juge doit trancher ; autrement il se rendrait coupable de déni de justice (v. art. 4, Code civil).

D. La doctrine

Bien qu'elle ne soit pas abondante, la doctrine" camerounaise dans le domaine des finances publiques gagne progressivement en densité. S'exprimant notamment dans des ouvrages, des encyclopédies, des revues, elle tient aussi des congrès et des colloques.

Elle n'est pas une source formelle des finances publiques dans la mesure où son expression seule ne peut suffire à créer des normes juridiques. Elle peut néanmoins exercer une certaine influence sur la législation ou sur la jurisprudence en montrant à leurs auteurs les incohérences et les dysfonctionnements du système juridique.

En somme, les textes de diverses natures fixent l'ensemble des règles juridiques applicables en matière de gestion financière publique. Comme les autres sources du droit que sont la jurisprudence et la doctrine, ils mettent en lumière le cadre institutionnel de ladite gestion.

§2. Le cadre institutionnel des finances publiques

L'élément institutionnel ou organique permet d'appréhender les finances publiques sous deux angles. Il s'agit de leur gestion par des entités publiques et de l'exercice du pouvoir financier par des organes constitutionnels.

A. La gestion des finances publiques par des entités publiques

L'État, les collectivités et organismes publics étant les institutions qui, au sein de la société, exercent des activités publiques, c'est à eux qu'incombe la gestion des recettes et dépenses publiques". D'où les expressions telles que « **Les finances de l'État** » qui concernent la gestion financière de l'État, ou « **Les finances locales** » qui sont relatives aux finances des CTD. Pour corroborer ce qui précède, on note que la nouvelle loi en date du 11 juillet 2018 détermine un ensemble de prescriptions.

La doctrine s'entend de l'ensemble des opinions émises par la communauté des juristes qui peuvent être des universitaires ou des praticiens (professeurs, magistrats, avocats). Le législateur n'est pas toujours bien inspiré ou peut laisser à voir une maladresse logistique sur laquelle la doctrine l'interpellerait. Elle accompagne aussi l'œuvre jurisprudentielle en servant de guide à une jurisprudence qui se montre hésitante. Lire Pekassa Ndam (G. M), Doctrine et diffusion du droit dans l'espace africain francophone », in Hourquebie (F.), to doctrine dans l'espace africain francophone, Paris, DOESAF, p. 273 et Ne sont donc pas concernées, les entreprises publiques considérées, en vertu de la loi n° 2017- 011du 12 juillet 2017 portant statut général des entreprises publiques, comme des personnes morales de droit privé (art. 3 v définitions d'Entreprise publique - Société à capital public – Société d'économie mixte.

Régime financier commun à l'Etat et aux autres entités publiques, tout en prenant en compte la spécificité de ces dernières (art. 2, loi n° 2018-012).

B. L'EXERCICE DU POUVOIR FINANCIER PAR DES ORGANES CONSTITUTIONNELS

Du point de vue constitutionnel, on observe le partage du pouvoir financier entre le Parlement et le Gouvernement. Celui-ci prépare le budget, le Parlement le vote, les ministères l'exécutent et le Parlement contrôle cette exécution a posteriori.

Cette description des rôles respectifs de l'exécutif et du législatif tout au long de la procédure budgétaire est appelée la règle « des quatre temps alternées » Elle s'observe aussi dans les processus de gestion financière des collectivités territoriales décentralisés et des Entreprises Publiques. Ce n'est donc pas une exclusivité étatique, et le même constat se dégage de la perception des finances publiques dans leur dimension matérielle.

SECTION 2. L'ACCEPTION MATÉRIELLE DES FINANCES PUBLIQUES

Le critère matériel place les deniers publics au cœur de l'étude des finances publiques. Il dévoile aussi la spécificité de ces dernières.

§1. LES DENIERS PUBLICS, OBJET D'ÉTUDE DES FINANCES PUBLIQUES

À partir du critère matériel, les finances publiques sont considérées par le Professeur Paul Gaudemet comme « la branche du droit public qui a pour objet, l'étude des règles et des opérations relatives aux deniers publics ». Les deniers publics désignent les fonds et valeurs qui sont la propriété des personnes et dont la garde et le maniement sont confiés à des comptables publics. Si la détermination de ces deniers est fixée par les règles de droit budgétaire, leur gestion financière est régie par le droit de la comptabilité publique tandis que le régime des deniers de nature fiscale (impôts et autre prélèvements publics) relève du droit fiscal.

La présente loi s'applique à l'État. Elle s'applique également aux autres personnes morales de droit public, sous réserve de leurs spécificités, à l'instar des établissements publics et des collectivités territoriales décentralisées ».

La règle des quatre temps alternés nous vient du baron Louis, ministre des Finances sous la Restauration (1814) en France, et décrit les rôles respectifs de l'exécutif et du législatif tout au long de la procédure budgétaire, dans un régime parlementaire.

§2. LA SPÉCIFICITÉ DES FINANCES PUBLIQUES

Les finances publiques ont la double particularité d'être une science pluridisciplinaire et de se distinguer des finances privées.

A. La pluridisciplinarité des finances publiques

Encore appelée science financière, ou droit public financier, les finances publiques constituent une « discipline-carrefour » qui peut être analysée sous le prisme de plusieurs disciplines. En effet, elles une dimension politique, constitutionnelle, administrative, voire économiques et sociale.

On ne s'intéressera ici qu'à leur dimension constitutionnelle, qui met en évidence la nature des rapports Exécutif/Législatif. À titre d'exemple, la discussion budgétaire est l'instant privilégié où le Parlement peut examiner l'ensemble de la politique gouvernementale, exercer son contrôle sur l'action du Gouvernement et sur les administrations publiques en vertu de l'article 14(2) de la Constitution. Un tel rapport présage une distinction nette entre les finances publiques et les finances privées.

L'administration publique est souvent l'objet de réformes (réorganisation, missions et objectifs nouveaux). L'accomplissement des missions et l'atteinte des objectifs nécessitent les moyens financiers, notamment. L'inefficacité de réaction administrative peut donc être imputable à l'insuffisance des ressources budgétaires. Ailleurs, la modernisation de l'administration a une dimension financière importante voire Capitale. « L'opération ANTILOPE et le procédé SIGIPES » visant à assainir le fichier solde de l'État participent de la gouvernance financière.

Les aspects économiques des finances publiques sont importants. Les dépenses publiques peuvent avoir une incidence sur l'économie. Exemple des marchés publics mettant en compétition des opérateurs économiques qui se battent pour ne pas être exclus des processus de passation. Les subventions de l'État à certains secteurs ou acteurs économiques peuvent aussi renforcer la compétitivité de ceux-ci.

L'assainissement des finances publiques (recherche des équilibres macroéconomiques, réduction de la corruption) ou sa rationalisation prévisions objectives, réduction du train de vie de l'État, discipline budgétaire sont souvent présentés comme des conditions de la croissance économique. Certains

Événements sociaux tels que les révolutions, les crises sociales, les grèves tirent leurs racines des carences en ressources financières (grèves des enseignants, des personnels de santé).

Prise de décision financière peut aussi avoir pour finalité d'éviter de telles dérives.

Elle peut passer par la consultation de certains groupes sociaux tels que le GICAM, souvent consulté pour la finalisation du PLF (fiscalité notamment).

La dimension constitutionnelle procède, historiquement, du fait que le régime parlementaire est apparu à l'aune de la systématisation du principe de l'autorisation budgétaire. En effet, c'est par le contrôle du budget que s'est affirmé le droit de contrôle politique du Parlement sur l'Exécutif.

B. Finances publiques et finances privées

Traditionnellement, la distinction finances publiques-finances privées prend en considération la nature des institutions impliquées. Ainsi, les finances publiques viscraient les problèmes financiers des personnes publiques, alors que les finances privées ne concerneraient que les problèmes des personnes privées Techniquement, trois éléments fondent la distinction entre les finances publiques et les finances privées.

Le premier se rapporte aux fins poursuivies La recherche de l'intérêt général impose certaines contraintes et conduit les personnes publiques à dépasser les préoccupations de rendement et de profit pour satisfaire intérêt commun. Le rendement et le profit sont tout au contraire, essentiels pour les personnes privées.

Le deuxième élément c'est la différence des moyens utilisés. Les personnes publiques disposent de moyens exorbitants de droit commun, notamment le prélèvement fiscal qui se singularise par son caractère autoritaire et unilatéral Les personnes privées recourent aux moyens de droit commun leurs opérations financières étant fondées sur le contrat.

Le dernier élément concerne la différence des méthodes de gestion. Si les finances privées relèvent d'un régime offrant une grande liberté de gestion, les finances publiques, au contraire, sont strictement encadrées.

En dépit de ces différences incontestables, des rapprochements existent entre les finances publiques et les finances privées. Les personnes publiques ou privées ont toutes des charges à assumer et doivent trouver les ressources nécessaires pour les couvrir. Il faut pour cela établir des prévisions sérieuses, tenir une comptabilité rigoureuse, ménager une trésorerie suffisante, recourir éventuellement à l'emprunt et organiser un contrôle diligent. Dans l'ensemble, les personnes publiques recourent de plus en plus aux instruments de gestion usuels chez les personnes privées.

A la suite de cette présentation des différents éléments de base d'appréhension des finances publiques, il importe d'examiner successivement leur cadre conceptuel (première partie) et leur cadre processuel (seconde partie).

PARTIE 1 :

LES FINANCES PUBLIQUES DE L'ÉTAT

Comme toute science, le droit public financier dispose d'un vocabulaire propre. Il établit, en l'occurrence, une distinction nette entre les concepts de budget et de loi de finances (ch.1) autrefois présentées à tort comme des synonymes.

Les finances publiques étant aussi un enjeu majeur de pouvoir entre les institutions politiques, leur gestion est gouvernée par plusieurs principes aussi importants les uns que les autres (ch.2).

CHAPITRE I :

LES CONCEPTS DE BUDGET ET DE LOI DE FINANCES

Il est aujourd'hui établi que le budget est un élément de la loi de finances dite de l'année. Celle-ci comporte deux parties et c'est dans la première qu'est inscrit le budget. Il s'agit d'une approche très simpliste de la distinction. C'est pourquoi il convient d'être suffisamment précis à ce sujet, compte tenu de la densité de la notion de budget (sect.1) et de celle de loi de finances (sect.2).

SECTION 1. LA NOTION DE BUDGET

Le budget est un instrument indispensable à l'action de l'État. Il désigne, de manière générale, tout document comptable traduisant un plan d'action et qui retrace l'ensemble des recettes et dépenses d'une entité publique. En droit public financier, le budget présente plusieurs caractéristiques, distingue les recettes et les dépenses et concerne aussi divers types de documents.

§1. LES ATTRIBUTS DU BUDGET

Aux termes de l'article 4 (1) de la loi n'2018-012, « le budget décrit les ressources et les charges de l'État autorisées par la loi de finances, sous forme de recettes et de dépenses, dans le cadre d'un exercice budgétaire ». Ces dispositions dévoilent les trois attributs majeurs du budget c'est un acte de prévision, d'autorisation en plus d'être périodique.

A. Un acte prévisionnel

Tout budget est un acte de prévision de diverses activités. Ces prévisions sont effectuées par l'administration. Pour réaliser le programme d'action de l'État, celle- ci est amenée à établir un programme financier sous forme d'état prévisionnel des recettes à collecter et des dépenses à effectuer Par conséquent, les recettes et les dépenses réalisées en cours d'exercice sont appelées à varier par rapport aux prévisions, compte tenu des fluctuations socio-économiques enregistrées au moment de leur exécution.

B. Un acte d'autorisation

Le budget est d'autant plus un acte d'autorisation que par le vote des assemblées délibérantes, la prévision budgétaire, en ce qui concerne l'État, prend la forme d'une série d'autorisations données par le Parlement au Gouvernement. C'est précisément par son vote que le législateur autorise le Gouvernement à percevoir les recettes et effectuer les dépenses prévues au projet de loi de finances. On pourrait parler d'une permission d'exécuter le budget accordé au Gouvernement par le Parlement.

C. Un acte périodique

L'autorisation parlementaire en matière budgétaire porte sur des opérations dont la durée de validité est déterminée. Le budget englobe, pour une période de 12 mois - appelée exercice budgétaire-la totalité des charges et ressources prévisibles de l'État. L'autorisation intervient au cours de la session - dite budgétaire-organisée au Parlement à partir du mois de novembre.

§2. La présentation du budget en recettes et en dépenses

En tant que document comptable, le budget regroupe l'ensemble des recettes et dépenses d'une entité publique, autorisées et effectuées au titre d'une année. Les recettes et les dépenses de l'État sont prévues aux articles 4 et 23 de la loi n° 2018- 012 du 11 juillet 2018.

A. Les recettes

Il est ainsi désigné l'ensemble des ressources ou des moyens permettant à la personne publique d'atteindre les objectifs préalablement fixés en vue de l'exécution du budget. Les recettes de l'État proviennent :

- essentiellement de la collecte des impôts et taxes sur divers éléments économiques, des droits de douane, des droits d'enregistrement et de timbre, etc. (Recettes fiscales) ; Enregistrement : inscription dans un registre d'un acte ou d'un fait remise d'une chose, déclaration de volonté (succession), existence d'un droit (propriété). Le droit d'enregistrement est l'impôt payé à l'occasion de cette formalité.
- ainsi que de emprunts nationaux et internationaux, des dons de la coopération internationale, fonds de concours, legs, des revenus de la propriété, ventes de biens et services, amendes, pénalités et confiscations (recettes non fiscales), etc.

B. Les dépenses

Les dépenses sont l'ensemble des charges que doit couvrir la collectivité ou l'organisme public pour l'accomplissement de ses missions. De manière classique, elles sont classées en deux catégories dépenses courantes ou de fonctionnement et dépenses d'investissement. Au regard de l'article 28 de la loi n2018-012, le législateur établit une classification moins stricte lorsqu'il énumère six (6) catégories de dépenses correspondant aux dépenses d'investissement, d'une part, et aux autres dépenses, d'autre part.

Les dépenses d'investissement sont celles qui se traduisent notamment par des acquisitions, constructions (routes, des écoles, autres bâtiments publics) ou grosses réparations d'immeubles, l'acquisition des équipements militaires, etc.

Les autres dépenses, quant à elles, regroupent :

- celles généralement considérées comme dépenses de fonctionnement : dépenses de personnel (salaires, primes et indemnités, cotisations sociales) ; dépenses de biens et services (achats de biens, entretien courant des immeubles, routes) ;
- les dépenses de transfert (subventions) ;
- les charges financières de la dette (intérêts et frais financiers ou bancaires) ;
- les charges dites exceptionnelles (condamnations et transactions).

Au-delà des nomenclatures ci-dessus, la typologie du budget mérite quelques précisions. Somme mise à la disposition d'une collectivité publique par une personne physique ou une personne morale (privée ou publique) en vue de participer à une dépense d'intérêt public assumée par cette collectivité Qui ne sont pas en principe productives.

§3. La typologie des budgets

Chaque personne publique gère son propre budget. En raison de leur) autonomie administrative qui se prolonge sur le plan financier, les CTD et les EP disposent de budgets dits autonomes parce que distincts de celui de l'État.

A. Le budget de l'État[1] 1

Le budget de l'État est composite. Il est constitué du budget général, des budgets annexes et des comptes spéciaux (art. 4-7, loi n'2018-012).

1. Le budget général

Le budget général est la partie du budget de l'État où sont inscrites toutes ses recettes et toutes ses dépenses civiles et militaires qui ne font pas l'objet d'une présentation spécifique au titre des budgets annexes ou des comptes spéciaux.

C'est la partie la plus importante du budget de l'État.

2. Les budgets annexes

Dans la loi de finances, les budgets annexes sont présentés à côté du budget général de façon à réaliser une affectation de recettes au profit de certains services de l'État (donc dénués de personnalité morale propre) qui mènent à titre principal » une activité de production de biens ou de prestation de services donnant lieu au paiement de redevances. Ces services ont, de ce fait, besoin d'individualiser leurs opérations et de les gérer avec plus de souplesse, en s'inspirant des règles de la comptabilité privée (v. art. 43-8, loi n'2018-012).

Notion de budget de moyen, employée par Jean-Luc Aubert, Finances publiques, Dalloz, 10 éd, p.493 22 La redevance ou rémunération pour service rendu, se présente comme le prix payé par un usager en contrepartie de l'utilisation d'un ouvrage public ou de la fourniture d'une prestation.

L'impôt peut être défini comme une prestation pécuniaire requise des contribuables d'après leurs facultés contributives et qui opère, par vole d'autorité, un transfert patrimonial définitif et sans contrepartie directe, en vue de la réalisation des objectifs d'intérêt général fixés par la puissance publique.

La taxe parafiscale. La doctrine considère celle-ci comme un prélèvement obligatoire, recevant une affectation déterminée, instituée par voie d'autorité, dans un but économique, professionnel ou sociale et échappant partiellement ou totalement aux règles de la législation budgétaire et fiscale en ce qui concerne les conditions de création de la recette, de détermination de son assiette et de son taux.

La taxe ou taxe administrative s'analyse comme un prélèvement obligatoire perçu à l'occasion de la prestation d'un service non commercial par une collectivité publique. Es les droits de timbre pour la délivrance de la CNI informatisée ; la taxe d'enlèvement des ordures ménagères ; droits d'inscription à l'université. Plusieurs budgets annexes inscrits la loi de finances peuvent être créés que dans le cadre d'une loi. Les rares expériences Camerounaises en la matière concerne l'Imprimerie nationale la direction des grands travaux et des voies navigables, jusqu'en 1974 ; les PTT, de 1987 à 1999. En actuel du droit positif camerounais n'en existe plus, contrairement aux comptes spéciaux on dénombre au total la loi de finances pour l'exercice 2019.

3. Les comptes spéciaux

Peuvent aussi faire partie du budget l'État, les comptes spéciaux, encore appelés comptes hors budget. Appelés comptes spéciaux de Trésor jusqu'à l'avènement de la loi n'2018-012 11 juillet 2018, comptes), ils retracent les recettes et les dépenses effectuées en dehors du budget général par les services l'État. Ces services ne sont dotés ni de la personnalité morale ni de l'autonomie financière. En Général, ils sont créés pour résoudre des problèmes spécifiques et faciliter l'intervention l'État dans les domaines économique, social, culturel, environnemental. Les opérations de comptes spéciaux permettent également de mesurer les résultats gestion, mieux que l'aurait permis l'inscription de cette masse financière dans le budget général de l'État.

La nouvelle loi prévoit deux catégories comptes spéciaux, contrairement l'ancienne qui en dénombrait cinq. Actuellement les comptes spéciaux les comprennent comptes d'affectation spéciale et les comptes de commerce 44 al. 1, loi n'2018- 012).

Les premiers retracent, dans conditions prévues par la loi de finances, des opérations budgétaires financées au moyen des recettes particulières sont, par nature, en relation directe avec les dépenses concernées. À titre d'exemple on peut citer Compte d'affectation spéciale pour développement du secteur postal, Compte d'affectation spéciale le dispositif le soutien de l'activité touristique.

Quant aux seconds, c'est-à-dire comptes commerce, ils retracent les opérations à caractère industriel et commercial effectuées à titre accessoire par services de l'État non dotés la personnalité morale. Il importe surtout des souligner que lesdits services ne sont pas dotés de budgets annexes, leur activité économique n'étant qu'accessoire.

B. Les budgets autonomes

Le budget autonome est réservé à chaque personne morale de droit public distincte de l'État. Ces personnes sont dotées de l'autonomie financière, en plus de leur personnalité morale Chaque année, les communes et les établissements publics fixent et exécutent eux-mêmes leur budget par l'intermédiaire de leurs propres organes (exécutif et délibérant). Notons par ailleurs que si l'autonomie budgétaire de ces institutions ne les soustrait pas à la tutelle exercée par l'État, seul le budget de celui-ci est inscrit dans la loi de finances.

SECTION 2. La notion de lois de finances

La définition de la loi de finances ($1) précèdera l'exposé des différents types (§2) prévus dans la loi du 11 juillet 2018.

$1. Définition de la loi de finances

En raison de la diversité des lois de finances, le législateur présente celles-ci en se référant à leur objet, qui est de fixer le régime du budget. Elles ont pour objet, énonce-t-il à l'article 12 de la loi n'2018-012, « de déterminer les recettes et dépenses de l'État, de définir les conditions de l'équilibre budgétaire et financier, d'arrêter le budget de l'État et de rendre compte de son exécution »>. Ces termes signalent clairement que les lois de finances ne doivent contenir que de telles dispositions. En effet, si l'on se réfère au droit français, toute disposition à caractère non financier contenue dans une loi de finances est sanctionnée par le Conseil constitutionnel qui la qualifie de cavalier budgétaire. L'autre particularité de ces lois, qui découle des termes du 4 alinéa de l'article 12 précité, concerne leur présentation au Parlement toujours sous forme de projets de lois. Leur présentation se fait à des divers moments et suggère qu'il existe une diversité de lois de finances.

À titre d'exemple, les Universités d'État, la CRTV, l'ENAM, la Commune de Yaoundé 6 disposent chacune d'un budget autonome.

La personnalité morale d'une personne publique est son aptitude à défendre elle- même ses intérêts en justice, pour la raison qu'elle est titulaire de droits et assujettie à des obligations (que lui confèrent sa personnalité juridique).

§2. La typologie des lois de finances

Contrairement à la loi du 26 décembre 2007 (art. 4 et 41) qui consacrait quatre types de lois de finances, dont la loi de finances dite partielle destinée à assurer la continuité de la vie nationale, la loi du 11 juillet 2018 en dénombre seulement trois. Il s'agit de la LFA, des LFR et de la LR.

A. La loi de finances de l'année

La loi de finances de l'année est encore appelée loi de finances initiale ou loi de finances primitive. C'est la loi qui, dans sa première partie, autorise, pour l'exercice budgétaire à venir, la perception des ressources de l'État et la couverture de toutes ses charges. Autrement dit, c'est elle qui établit le budget de l'État de façon prévisionnelle, avant le début de l'exercice.

Dans sa seconde partie, elle fixe, pour le budget général, les programmes à mettre en œuvre. Elle détermine aussi, par chapitre et par section, le montant des autorisations d'engagement et des crédits de paiement.

Les autorisations d'engagement et les crédits de paiement sont deux types d'autorisations budgétaires accordées en vue de l'exécution d'un programme (art.34, loi n'2018-012). Les premières constituent la limite supérieure des dépenses pouvant être engagées au cours d'un exercice budgétaire et dont le paiement peut s'étendre, le cas échéant, sur plusieurs années. Le nombre d'années couvertes par ces autorisations est illimité alors que la loi du 26 décembre 2007 prescrivait, en son article 15 (2), que leur durée ne pouvait excéder 3 ans. En revanche, les crédits de paiement constituent la limite supérieure des dépenses qui peuvent être payées pendant l'année pour la couverture des engagements contractés dans le cadre des autorisations d'engagement[2].

Les éléments (montants, autorisations d'engagement, crédits de paiement) des budgets annexes et des comptes spéciaux sont aussi détaillés. Exemple un service dépensier en visage de passer un marché de 100 M pour une durée de quatre ans. Le Parlement autorise un montant d'AE de 100 M pour l'année N. Un échéancier des dépenses prévues dans le cadre de ce marché est défini pour identifier les besoins en CP sur les quatre années première année 20 M, deuxième 40, troisième 25, quatrième 15. Le marché étant engagé juridiquement sur l'année N, le scénario suivant est exécuté :

Année N : AE 100 M et CP = 20 M
Année N 1 : AE-0 et CP 40 M
Année N 2 AE = 0 et CP= 25 M
Année N 3 : AE = 0 et CP = 15 M

Dans cette seconde partie. Peuvent également y figurer des dispositions diverses cataloguées à l'article 13 in fine de la loi n° 2018-012".

La LFI doit être adoptée durant la session parlementaire de novembre (communément appelée session budgétaire) précédant le début du nouvel exercice. Par contre, les LFR ne peuvent être adoptées qu'au cours dudit exercice.

B. Les lois de finances rectificatives

Dans la mesure où le Parlement est seul compétent pour autoriser les dépenses et recettes, c'est à lui qu'appartient le pouvoir de modifier ses propres autorisations (principe du parallélisme des formes ou de l'acte contraire). Il le fait au moyen des lois de finances rectificatives (ou collectifs budgétaires) qui, comme l'affirme le législateur, « (...) peuvent, en cours d'année, modifier les dispositions de la loi de finance initiale » (art. 17, loi de 2018). En d'autres termes, elles ont pour objet de corriger les prévisions et modifier le contenu des autorisations budgétaires initiales. Pour des raisons différentes, l'élaboration de la loi de règlement obéit aussi à règle du parallélisme.

C. La loi de règlement

La loi de règlement a pour objet de fixer le montant des recettes et des dépenses de l'État prévues et autorisées ou effectivement exécutées. Comme le déclare l'article 20 de la loi n° 2018/012, c'est la loi de constatation de la dernière loi de finances exécutée ». Cette loi intervient a posteriori pour indiquer quelles ont été, pour un exercice donné, les différences entre les prévisions et autorisations contenues dans la loi de finances de l'année, d'une part, et les résultats de l'exécution réelle du budget par les gestionnaires publics, d'autre part.

L'adoption parlementaire de cette loi obéit à la logique selon laquelle le Parlement qui a autorisé le Gouvernement à exécuter le budget a qualité pour avaliser son exécution" Cette loi est aussi préparée par le Gouvernement qui est tenu, à l'occasion, d'observer certains principes budgétaires.

Par exemple, la répartition des concours de l'État aux CTD, les informations relatives à l'information.

Et au contrôle du Parlement sur la gestion des finances publiques, les règles de comptabilité publique. 28 J.-F. PICARD, Finances publiques, op. Cite., p. 382.

D. Le monopole de l'exécutif

Les pouvoirs des autorités en charge de la prévision sont déclinés à l'article fondé sur l'article 12 (4) de la loi n° 2018-012 : « Sous l'autorité du président de la République, le Premier ministre, chef du Gouvernement, coordonne la préparation des projets de lois de finances assurées par le ministre chargé des finances en concertation avec les organes constitutionnels, les ministres ou les responsables des services concernés ».

Il en ressort clairement que la prévision budgétaire est conduite par l'Exécutif qui dispose, à la différence du Législatif, de structures et moyens d'information lui permettant de faire des prévisions sérieuses. Les projections budgétaires étant exposées par nature aux aléas, plusieurs administrations concourent aux prévisions.

La Direction générale du budget du Minfi (DGB/Minfi) assure la responsabilité essentielle de la préparation du budget de l'État.

Si la DGB/Minfi est au cœur de la préparation, l'élaboration des prévisions budgétaires est faite sur la base des données disponibles et fournies par les régies financières de l'État (DGT, DGI, DGD). La DGB bénéficie aussi de la collaboration des services techniques du ministère de l'Économie, de la planification et de l'aménagement du territoire (Minepat) et des organismes tels que la BEAC, l'Institut national de la statistique (INS), la Caisse autonome d'amortissement (CAA), le CTS (Comité technique spécial), et le Bureau central de recensement de la population (BUCREP).

E. L'implication récente du Parlement (le débat d'orientation budgétaire)

L'institution du débat d'orientation budgétaire (DOB) est une prescription communautaire formulée à l'article 9 de la directive n° 01/11-UEAC-190-CM-22 relative aux lois de finances. Elle est reprise à l'article 11 de la loi n'2018-012. 11 s'agit d'un débat organisé par le Parlement sur la base de documents et rapports que le Gouvernement est tenu de lui transmettre au plus tard le 1 juillet de l'exercice N. Organisé en séance publique, ce débat n'est pas suivi de vote.

Consacré en France par la pratique dès 1991, le DOB a été institutionnalisé et profondément rénové à l'article 48 de la LOLF. Son institutionnalisation a une connotation essentiellement politique et poursuit un objectif général de modernisation de la gestion publique. Elle fait partie d'un ensemble de mesures visant à mieux associer les parlementaires à la préparation du budget. En outre, elle vise à éclairer le Parlement sur les choix envisagés par le Gouvernement. C'est, pour celui-là aussi, une occasion pour le Parlement d'indiquer ses préférences et ses réticences. Finalement, l'association du Parlement aux choix qui sont faits permet de prévenir ou de désamorcer à l'avance une contestation qui pourrait se manifester lors de la discussion de la loi de finances.

Malgré leur diversité, l'ensemble des acteurs œuvre pour des Prévisions rationnelles.

§ 3. La rationalité des méthodes de prévision

L'exposé des expériences étrangères précèdera la présentation de la pratique camerounaise.

A. Les expériences étrangères

Les techniques modernes' de prévision budgétaire ont émergé aux USA et en France. Dès 1961, aux USA, l'administration fédérale, sous l'impulsion de R. Mc Namara, emprunte au secteur privé le PPBS (Planning, Programming, Budgeting System). Cette méthode managériale exige une démarche chronologique : avant d'arrêter les choix budgétaires, l'État doit fixer les objectifs, déterminer les priorités, dégager les moyens nécessaires et projeter une évaluation des résultats.

Applicable surtout aux dépenses d'investissement, elle va inspirer la France qui, à son tour, expérimentera la rationalisation des choix budgétaires (RCB). La RCB est une technique qui vise à éclairer les choix budgétaires par des études systématiques utilisant les moyens modernes d'analyse et de calcul. Elle a pour conséquence :

L'orientation vers la pluri-annualité budgétaire ;

Ensuite une nouvelle articulation entre services votés et autorisations ou mesures nouvelles et ;

Enfin, la substitution d'un contrôle de gestion au contrôle de régularité de l'exécution des dépenses.

Ces expériences américaine et française ont fortement inspiré le Cameroun.

B. La pratique camerounaise

Depuis la crise de l'endettement des années 80, le Cameroun est entré dans une nouvelle ère. Il y a eu d'abord les approches rationnelles symbolisées par les programmes d'ajustement structurels. Depuis lors, la prévision budgétaire s'est voulue rationnelle. Les bailleurs de fonds internationaux ont imposé aux pays en voie de développement des mesures d'assainissement des finances publiques à travers des approches fonctionnelles et par objectif. Il en résulte que la réussite de ces États est liée à l'acceptation d'une politique budgétaire à moyen terme qui n'est guère compatible avec la "navigation à vue" C'est dire que la démarche actuelle de budgétisation à base de programmes résulte de l'abandon progressif de la budgétisation par moyen.

1. L'ABANDON DE LA BUDGÉTISATION PAR MOYEN

L'approche de budgétisation selon les moyens a été abandonnée avec la sortie de vigueur de l'ordonnance du 7 février 1962. Elle consistait à doter les services de ressources nécessaires à leur fonctionnement et à leurs investissements sans toutefois leur assigner, de manière systématique, les résultats à atteindre. Elle se caractérisait par la pratique de reconduction quasi automatique des dépenses d'une année à l'autre sans nécessairement identifier les objectifs poursuivis.

L'abandon de cette démarche de gestion budgétaire se justifie par les nombreuses limites qu'elle a accumulées. Elles étaient légion :

- ➢ -Les gaspillages dans les dépenses de fonctionnement et la sous consommation des crédits d'investissement ;
- ➢ La faible articulation entre le budget et les priorités nationales ;
- ➢ La prise en compte insuffisante des besoins des populations à la base ;
- ➢ La difficulté de mesurer l'impact de la dépense publique ;
- ➢ L'absence d'une exigence de performance au sein des administrations ;
- ➢ L'absence de pluri-annualité ;
- ➢ Le budget de moyens renvoyait à une vision fragmentaire de l'action de l'État.

"Ainsi, c'est essentiellement sur la base des services votés que le Gouvernement établissait ses prévisions budgétaires Les services votés sont la part du budget de l'État correspondant à la reconduction du budget de l'année précédente. Absence d'un mécanisme permettant la prise en compte d'une dimension pluriannuelle dans ration et l'exécution du budget de moyens ; la technique budgétaire du budget de moyens étant strictement annuelle, elle constituait une limite à l'efficience des politiques publiques.

L'adoption de la budgétisation par programme a pour but d'inverser la tendance négative du budget de moyen.

2. L'INTÉGRATION DE LA DÉMARCHE DE PROGRAMMATION BUDGÉTAIRE

Depuis 2007, le budget programme traduit et accentue la démarche de performance. Il peut être présenté comme l'outil actuel de gestion des finances publiques qui consiste à élaborer, présenter et exécuter le budget sur la base des programmes. Avec cette méthode, les organes constitutionnels, les départements ministériels et autres services dépensiers définissent à moyen terme les objectifs ainsi que les résultats à atteindre et précisent les indicateurs quantitatifs et qualitatifs de mesure a posteriori de ces résultats, dans le cadre de programmes budgétaires.

En conséquence, quelques avantages en découlent. Premièrement, grâce au regroupement en son sein de toutes les dépenses (salaires, achats de biens de fonctionnement, acquisition d'équipements, etc.), chaque programme concourt à la réalisation des objectifs d'une politique publique.

Deuxièmement, les administrations devront désormais « faire mieux avec peu » (économie de ressources).

Troisièmement, la combinaison de l'efficacité et de l'efficience à l'économie de ressources permet d'accroître la performance dans la réalisation des objectifs des politiques publiques.

En somme, la préparation budgétaire mobilise une diversité d'acteurs, autant qu'elle obéit à des procédures et logiques bien déterminées. Elle débouche sur l'adoption parlementaire de la LFI.

CHAPITRE II :

L'ADOPTION DU BUDGET

L'adoption du budget de l'État est encore appelée autorisation budgétaire. On parle d'autorisation parce que par leur vote, les parlementaires transforment le PLF en acte juridique autorisant le Gouvernement à exécuter le budget. Il s'ensuit que l'autorisation budgétaire présente un double caractère. Elle est de nature législative, en raison de la compétence exercée en la matière par le Parlement. Elle est aussi préalable dans la mesure où la loi de finances doit être adoptée avant l'ouverture de l'exercice sur lequel elle porte.

Nous aborderons respectivement la procédure d'adoption du budget (sect.1) et l'encadrement du pouvoir exercé par le Parlement (sect.2).

SECTION 1. LA PROCÉDURE D'ADOPTION DU BUDGET

En droit parlementaire, tout PL doit franchir plusieurs étapes Tout commence par le dépôt du projet au Parlement (51) Ensuite viennent l'examen, la discussion et le vote au sein des chambres (52).

§ 1-1. LE DÉPÔT DU PROJET DE LOI DES FINANCES

Le dépôt du PLF au Parlement peut être appréhendé sur les plans institutionnel et matériel.

A. La dimension institutionnelle du dépôt

Avant 2013, le Parlement était monocaméral et ne soulevait pas de véritable interrogation. Le PLF devait être déposé sur le bureau de l'A.N au plus tard 15 jours avant l'ouverture de la session au cours de laquelle il devait être examiné. Depuis l'avènement du bicamérisme, concrétisé par la mise en place du Senat, le dépôt mérite une attention particulière. D'après la Constitution (art. 14 al. 1-a), les deux chambres se réunissent aux mêmes dates en session ordinaire et, en conséquence, reçoivent le PLF au même moment.

B. La dimension matérielle du dépôt

Au moment de son dépôt, le PLF est accompagné de divers documents annexes (art. 14et 15, loi n° 2018-012) : On peut citer entre autres :

- Le rapport sur la situation et les perspectives économiques, sociales et financières de la nation ;
- Les annexes explicatives développant, par programme le montant des crédits présentés par titre au titre de l'année considérée, ainsi qu'a titre indicatif au cours des deux années suivantes ;
- Le projet de performance annuel de chaque programme.

C'est l'ensemble de ces documents, y compris le PLF qui est soumis l'appréciation des chambres.

§1-2. L'examen, la discussion et le vote du projet de loi des finances

Le PLF déposé est aussitôt transmis à la COMFIB pour expertise Le processus d'adoption se déroule d'abord à TAN et se poursuit au Sénat avant de s'achever à TAN conformément à la navette parlementaire aménagée à l'article 30 de la Constitution. Au sein de chaque assemblée, la procédure suivie est la même la commission examine le projet avant la discussion et le vote de la loi en séance plénière par la chambre.

A. L'EXAMEN DU PLF PAR LA COMMISSION DES FINANCES ET DU BUDGET

La Commission est compétente pour examiner en profondeur le projet de budget puisqu'elle est censée avoir l'expertise technique. Elle auditionne le ministre en charge des finances, ainsi que les autres membres du Gouvernement sur l'enveloppe budgétaire prévue pour leur département ministériel. Lors de leur passage, les ministres peuvent se faire accompagner de leurs proches collaborateurs

L'examen en commission ne porte que sur le projet présenté par le Gouvernement.

Les commissaires n'ont pas le droit de présenter un contre-projet ils peuvent en revanche critiquer ce projet et y apporter des amendements (rares en pratique).

À l'issue de son examen, le rapporteur général de la Commission établit un rapport qui servira de document de base à la Chambre réunie en plénière

B. LA DISCUSSION ET LE VOTE DE LA LOI DE FINANCES EN PLÉNIÈRE

En séance plénière, la discussion du PLF est fondée sur le travail cffcctué au scin dc la Commission des finances (cf. Règlement de FAN et du Sénat). WY/SP Cours en Finances publiques (2-DF & KL Sem.2 2122-2122.

Le vote de la LFA est précédé d'un débat parlementaire portant sur les catégories de ressources et charges budgétaires de l'État. Ainsi, après l'exposé du Rapporteur Général faisant une présentation des travaux sur l'ensemble du projet de budget, les débats sont ouverts par une discussion générale. Par la suite, les orateurs préalablement inscrits peuvent formuler leurs observations.

La procédure suivie est celle d'une discussion et d'un vote par chapitre. Cette procédure laisse en réalité très peu d'opportunités d'action aux parlementaires, au regard des prescriptions juridiques qui encadrent leurs pouvoirs.

SECTION 2. L'encadrement juridique du pouvoir des parlementaires

En s'inspirant du modèle français de régime parlementaire, le modèle Camerounaise a intégré la rationalisation du pouvoir législatif qui aboutit, en matière budgétaire, à l'encadrement de l'initiative (1) et du vote (2) des parlementaires.

§ 2- 1. L'ENCADREMENT DE L'INITIATIVE

L'initiative financière des parlementaires est frappée d'irrecevabilités constitutionnelle et législative. En effet, la Constitution, la loi n'2018-012 (art.58) et les lois portant Règlement de l'AN et celui du Sénat, limitent le droit d'initiative et d'amendement des parlementaires en matière de dépenses et de recettes.

La prescription de telles limitations a pour dessein de maintenir l'équilibre initial du budget. S'il y a condamnation de l'initiative parlementaire aggravant les charges publiques, en revanche celle qui augmente les recettes est autorisée.

§2-2. L'ENCADREMENT DU VOTE

Le vote du budget au Parlement obéit à une prescription de délais impératifs dont le non-respect peut entraîner des sanctions.

Ainsi, le Parlement doit se prononcer définitivement sur la LF dans le délai de 20 jours à compter de l'ouverture de la session budgétaire. Le Gouvernement, qui prend d'ailleurs part à la procédure législative, peut ramener délai à 10 jours en déclarant l'urgence au moment du dépôt du PLF. À propos de cette procédure, cf.

RI des deux assemblées et chercher les mécanismes de rationalisation des pouvoirs (y compris budgétaires) du Parlement.

Si la LFA n'est pas adoptée avant le début de l'exercice, le Président de la République peut, par voie d'ordonnance, reconduire, par douzième, budget l'exercice précédent jusqu'à l'adoption du nouveau budget.

CHAPITRE III :

EXÉCUTION DU BUDGET

La LFA adoptée par le Parlement est promulguée par le PR préalablement à son exécution L'exécution du budget concrétise l'autorisation parlementaire. On note que plusieurs catégories d'acteurs en sont chargées (sect.1), suivant des procédures précises (sect.2).

SECTION. 1. LES ACTEURS DE L'EXÉCUTION DU BUDGET

Dans la perspective de transposition en droit interne des normes communautaires relatives au droit public financier, la loi n'2018-012 a diversifié les acteurs en charge de l'exécution du budget. Ce faisant, les statuts et rôles respectifs de certains d'entre eux ont été précisés. On distinguera les acteurs traditionnels (§1) des acteurs nouveaux (§2).

§1-1. LES ACTEURS TRADITIONNELS

Si la nouvelle loi consacre, en plus de l'ordonnateur et du comptable un troisième type d'acteur appelé le contrôleur financier (art. 64-2, loin"2018-012) il importe de se focaliser particulièrement sur les deux premiers qui, jusque-là, étaient considérés comme les acteurs de l'exécution. Ils seront présentés sous le prisme de leurs rapports régis par le principe de séparation entre ordonnateurs et comptables

(A) Ce principe fondamental appelle un régime de responsabilité assez strict (B)

A. La séparation des pouvoirs entre ordonnateurs et comptables

L'exécution du budget est confiée ce personnel dont les fonctions sont nettement délimitées. Leur séparation repose à la fois sur leur indépendance organique et sur leur incompatibilité fonctionnelle (voir cour de Comptabilité publique).

En ce qui concerne les ordonnateurs, ce sont des agents d'autorité titulaires du pouvoir de décision en matière financière. Selon la législation financière, leur classification varie en considération des recettes et des dépenses qu'ils sont chargés d'exécuter.

En matière de dépenses. Il existe trois catégories d'ordonnateurs. D'abord, les ordonnateurs principaux du budget de l'état. Ce sont les chefs de départements ministériels ou assimilés et les hautes autorités des institutions constitutionnelles. OFR/FLP. Cours de Finances publiques

Ensuite, les ordonnateurs secondaires qui sont les responsables des services déconcentrés de l'État. Ils reçoivent les autorisations de dépenses des ordonnateurs principaux.

Enfin, les ordonnateurs délégués, il s'agit des responsables désignés par les ordonnateurs principaux ou secondaires pour des matières expressément définies. Cette délégation prend la forme d'un acte administratif de l'ordonnateur principal ou secondaire.

En matière de recettes, il existe un unique ordonnateur principal c'est le ministre des Finances. Il peut néanmoins déléguer ce pouvoir aux autres chefs de départements ministériels ou assimilés et aux agents de l'administration fiscale. On y voit aussi une distinction ordonnateur principal/ ordonnateurs délégués, en matière d'exécution des recettes.

Quelle que soit son appellation, l'ordonnateur établit et met en recouvrement les recettes, engage, liquide et mandate les dépenses. S'agissant des comptables, ils ont l'exclusivité.

- De la perception des ressources publiques dont le recouvrement a été régulièrement autorisé,
- Du paiement des dépenses régulièrement ordonnancées par les ordonnateurs ;
- De la conservation et de la gestion des deniers publics (fonds et valeurs de l'État ou des autres entités publiques).

Toute personne qui s'ingère indûment dans les opérations financières réservées à un comptable patent est considérée comme comptable de fait. À ce titre, elle est soumise d'office au régime de responsabilité (obligations et sanctions, même pénales) applicable aux comptables publics ou patents.

Cependant, pour faciliter l'exécution du budget, le Minfi peut, par arrêté, instituer des régies de recettes ou d'avances. Le régisseur de recettes est chargé de recouvrer certaines recettes. La nature des produits à percevoir, leurs modalités d'encaissement et de reversement au comptable de rattachement sont obligatoirement fixées par arrêté. Pour sa part, le régisseur des caisses d'avances reçoit, avant service fait, d'un comptable public, des sommes limitées dans leur montant et dans leur durée d'utilisation pour effectuer certaines dépenses de faible ampleur.

En fin de compte, le principe de séparation des ordonnateurs et des comptables a un double fondement sur le plan juridique, il y a la nécessité de respecter la distinction entre l'opportunité et la régularité l'ordonnateur est juge de la première tandis que le comptable est juge de la seconde. Au point de vue technique, le fondement tient à l'instauration d'une division du travail comme condition même du contrôle réciproque entre les agents d'exécution de la LF.

B. La responsabilité des ordonnateurs et des comptables

Appartenant à deux ordres administratifs différents, ordonnateurs et comptables sont aussi soumis à deux régimes de responsabilité distincts.

L'ordonnateur peut voir sa responsabilité mise en jeu dans les conditions suivantes :

- Engagement d'une dépense sans avoir qualité pour le faire ;
- Engagement d'une dépense sans crédit disponible ;
- Modification irrégulière de l'affectation des crédits ;
- Infraction à la réglementation des marchés publics, etc.

La sanction que risque l'ordonnateur peut découler d'un recours administratif dans le cadre d'une instance disciplinaire de la fonction publique, ou d'un recours juridictionnel devant le juge judiciaire. Actuellement, le Conseil de Discipline Budgétaire et Financière peut mettre l'agent auteur de fautes de gestion en débet en fonction du montant du préjudice causé et l'éloigner, pendant un certain temps des fonctions d'ordonnateur. Cependant, ces compétences sont juridiquement dévolues à ta juridiction des comptes depuis la réforme du 11 juillet 2018 (art. 87 et loi n□ 2018-012) C'est dire que le CDBF les exerce encore à titre transitoire en attendant le transfert matériel de compétences à ladite juridiction.

Le comptable public aussi est un justiciable de la juridiction des comptes il l'a toujours été en raison de son régime particulier de responsabilité. En effet, il est présumé responsable, personnellement et pécuniairement, des défauts comptables constatés dans ses comptes. Il est donc tenu de réparer sur ses deniers personnels les indélicatesses commises pendant le maniement des deniers publics.

Le constat des irrégularités peut être sanctionné par le paiement d'une amende ou par l'ouverture d'un recours juridictionnel devant :

1. Le juge des comptes qui prononce des mises en débet à concurrence des sommes manquantes ;

2. Ou le juge judiciaire qui applique les sanctions prévues par le Code pénal

(Art 124) et la loi de 1952 portant répression des infractions relatives à la fortune publique.

§1-2. Les acteurs nouveaux

Il s'agit des contrôleurs financiers et d'autres acteurs au premier rang desquels figurent les responsables de programme.

A. Les contrôleurs financiers

Le contrôleur financier n'est pas tout à fait un nouvel acteur budgétaire C'est juste que le législateur l'a récemment élevé au rang d'autorité budgétaire, au même titre que les ordonnateurs et les comptables (art. 64 (1), loi 2018 012). Il est nommé auprès des ordonnateurs principaux et secondaires.

Ses fonctions sont essentiellement celles de contrôle a priori, qu'il exerce par l'apposition d'un visa préalable des opérations budgétaires. Autrement dit, il exerce un contrôle de régularité de ces opérations. L'intégration récente de la démarche de performance dans la gestion financière publique fait aussi du contrôleur financier un acteur du contrôle de performance.

B. Les responsables de programmes et leurs collaborateurs

Le législateur a fait des responsables de programme un acteur de la gestion budgétaire en plaçant chaque programme sous leur responsabilité. Chaque responsable exerce des compétences visant l'atteinte des résultats assignés au programme. Dès le début de l'exercice budgétaire, il établit un protocole de gestion. C'est un document qui précise les objectifs spécifiques visés et organise, à l'intérieur du programme, le processus de planification opérationnelle, les actions, les activités, les moyens humains et matériels de leur réalisation. Ce document précise également les modalités de contrôle et de suivi de la mise en œuvre du programme.

Compte tenu de l'importance du programme, le responsable de programme met en place plusieurs dispositifs, dont le dispositif de pilotage stratégique et opérationnel regroupant d'autres acteurs (responsables d'actions, responsables d'unités administratives) généralement choisis au sein de l'unité administrative qu'il dirige. A cela s'ajoute le dispositif de contrôle de gestion destiné à assurer la maîtrise des activités pour que les résultats attendus soient réalisés. Le contrôle de gestion permet de prévoir, suivre et analyser les réalisations de chaque programme et surtout de veiller à la minimisation des risques de non performance.

Le responsable de programme est aussi chargé de l'élaboration des outils de performance tels que les projets et rapports annuels de performance.

Nommé par le ministre sectoriel dont il relève, le responsable de programme est un ordonnateur délégué dans la mesure où il bénéficie d'une délégation de compétence (art. 69 al 1", loi n 2018-012). Il est responsable de sa gestion sur les plans pénal et financier. En revanche sa responsabilité politique n'est pas envisageable puisque seul le ministre qui le nomme répond devant le PR et, avec le Gouvernement dont il est membre, devant le Parlement.

Finalement, on peut affirmer que les responsables de programme sont des autorités budgétaires. À ce titre, ils participent aux procédures d'exécution des dépenses.

NB : Pour plus de précision consulter la lain"2018-012, la circulaire du MINI afférente à l'exécution et au contrôle de l'exécution du budget de l'État et le Manuel de pilotage et d'exécution du budget programme au Cameroun, janvier 2013 (téléchargeable en ligne).

SECTION 2. LES PROCÉDURES D'EXÉCUTION DES DÉPENSES

L'exécution du budget consiste à mener des opérations de recouvrement des recettes et d'exécution des dépenses. C'est sur cette dernière opération qu'il convient de se focaliser. Dans l'objectif d'une protection des deniers publics, l'exécution des dépenses repose sur la distinction entre deux phases l'une administrative qui relève des ordonnateurs (§1) et l'autre comptable qui est de la compétence exclusive des comptables publics (§2).

§ 1. LA PHASE ADMINISTRATIVE

La phase administrative, confiée aux ordonnateurs, a pour objet de faire naître des dettes à l'encontre de l'État, de faire déterminer le montant exact de ces dettes et d'ordonner leur règlement sur la Caisse publique. Elle comporte donc trois catégories d'opérations l'engagement, la liquidation et l'ordonnancement des dépenses publiques.

*** Engagement**

L'engagement est l'acte par lequel l'État crée ou contracte à son encontre une obligation de laquelle résultera une charge. Le fait générateur de la dépense peut être un marché public, une nomination... L'acte d'engagement doit être effectué par une autorité habilitée, dans la limite des crédits budgétaires et de la période d'engagement et être soumis au visa du contrôleur financier.

*** la liquidation**

La liquidation a pour but de vérifier la réalité de la dette et le montant de la dépense. Elle comprend à constatation du service fait et la liquidation proprement dite. La constatation du service fait consiste à établir l'existence juridique, la réalité de la dette de l'État. L'engagement de la dépense ne rend pas l'État débiteur : il constitue l'acte préalable à la naissance de la dette. L'État n'est débiteur que lorsque les travaux prévus par un marché ont été réalisés. C'est application de la règle du "service fait". La liquidation proprement dite consiste à calculer exactement le montant de la dette de l'État et à s'assurer qu'elle est bien exigible.

L'ordonnateur, au vu des pièces justificatives, procède à la liquidation après vérification de ces pièces.

*** l'ordonnancement**

L'ordonnancement ou mandatement est l'acte d'un ordonnateur donnant l'ordre au comptable assignataire de payer la dette de l'État, conformément aux résultats de la liquidation. L'ordre de payer se matérialise par un document appelé titre de paiement.

§2. LA PHASE COMPTABLE

Réservée aux comptables publics, cette phase est la dernière étape c'est-à-dire celle de paiement de la dépense. Il s'agit de désintéresser le créancier de l'État par le versement de l'argent qui lui est du.

Le comptable est tenu de procéder au paiement de la dépense après avoir vérifié sa régularité financière. Dès lors que tout est en ordre, le paiement peut s'opérer selon diverses modalités : soit en numéraire par bon de caisse, soit par virement bancaire ou postal.

Toutefois, le comptable peut opposer un refus de payer une dépense. Dans cette hypothèse, le dossier en renvoyé à l'ordonnateur accompagné d'une note explicative exposant les motifs de ce refus.

Cependant, l'ordonnateur peut passer outre le refus du comptable et exercer le droit de réquisition. Dans ce cas, le Ministre substitue sa responsabilité à celle du comptable qui se trouverait dégagée si l'irrégularité du paiement était par la suite reconnue.

CHAPITRE IV :

CONTRÔLE DE L'EXÉCUTION DU BUDGET

L'activité financière de l'État est d'une importance telle que l'exécution du budget doit être l'objet d'un système de contrôle sérieux. On peut retenir trois formes de contrôle de l'exécution des dépenses publiques faisant intervenir divers organismes le contrôle administratif (sect. 1), le contrôle juridictionnel (sect. 2) et le contrôle parlementaire (sect. 3).

SECTION 1. Le contrôle administratif

Le contrôle administratif de l'exécution des dépenses est opéré par des organes rattachés, pour les uns, au MINFI (§1) et, pour les autres, au PR (§2).

§1-1. Le contrôle relevant du MINFI

Le MINFI est le principal responsable de la bonne exécution du budget. Cette responsabilité le conduit au contrôle budgétaire afin de vérifier et de garantir la régularité des opérations. Le contrôle a pour objet :

1. De surveiller les opérations effectuées par les gestionnaires de crédits,
2. D'interdire les dépenses au-delà des crédits ouverts et de vérifier en conséquence que les engagements restent dans les limites fixées par la LF.

Ce contrôle administratif présente 3 caractères.

1) Il intervient a priori car effectué en cours d'exécution du budget, il est préventif car il s'attache à empêcher la naissance des irrégularités. Ce contrôle présente plus d'intérêt que les

autres formes de contrôle qui, s'exerçant a posteriori, sont parfois illusoires.

2) Il exerce principalement sur les ordonnateurs ce sont les gestionnaires de crédits qui décident de l'opportunité des dépenses, C'est un contrôle interne à l'administration.

Sur le plan institutionnel, le contrôle administratif est effectué par le contrôleur financier. Ce dernier opère un contrôle, régularité, mais tente parfois un contrôle d'opportunité. Une fois les vérifications faites, le contrôleur financier peut avoir 3 attitudes :

1) Apposer son visa : aucune irrégularité constatée ;

2) Accorder son visa avec observations dossier qui, sans être irrégulier, soulève des réserves ;

3) Refuser son visa : le rejet ne peut être levé que sur instructions écrites de son supérieur hiérarchique (Minfi).

Cela étant, d'autres contrôles sont réalisés par les comptables publics ainsi que par des unités spécialisées au sein des directions au Minfi. Mais, dans l'ensemble, le contrôle placé sous la responsabilité du Minfi se distingue du contrôle relevant du PR.

§1-2. Le contrôle relevant du PR

Le contrôle administratif de l'exécution des dépenses publiques peut relever du PR ; il s'agit du contrôle exercé par les services du Contrôle supérieur de l'État (CONSUPE). Placée sous l'autorité d'un ministre délégué à la présidence de la République, cette institution exerce des contrôles sur la gestion des ordonnateurs.

Le CONSUPE opère un contrôle a posteriori, par opposition au contrôle a priori effectué par les contrôleurs financiers. En outre, c'est un contrôle à la fois externe et interne : externe, parce que le Contrôle supérieur de l'Etat n'est pas rattaché au service contrôlé, interne dans la mesure où le CONSUPE fait partie intégrante de l'appareil gouvernemental.

Le programme annuel de contrôle est élaboré par les services du CONSUPE et soumis à l'approbation du Président de la République. Concrètement, aucun contrôle ne peut être engagé sans l'autorisation préalable de la Présidence de la République.

Les irrégularités susceptibles d'entraîner des sanctions sont énumérées dans la loi du 5 Décembre 1974 relative au contrôle des ordonnateurs, gestionnaires et gérants des crédits publics et des entreprises d'État. Au terme de cette loi, est considérée comme irrégularité toute faute de gestion, préjudiciable aux intérêts de la puissance publique. On peut citer, entre autres :

- Engagement d'une dépense sans avoir qualité pour le faire ;
- Engagement d'une dépense sans crédit disponible ;
- Engagement d'une dépense sans pièces justificatives suffisantes ;
- Modification irrégulière de l'affectation des crédits
- Utilisation à des fins personnelles des agents ou des biens de l'Etat lorsque ces avantages n'ont pas été accordés par les lois et règlements....

Est considéré comme faute de gestion, selon la loi n° 2018-012, tout acte, omission ou négligence commis par tout agent de l'État, d'une collectivité territoriale décentralisée ou d'une entité publique, partout représentant, administrateur ou agent d'organismes, manifestement contraire à l'intérêt général (art. 88 (1), Loi n°2018-012).

Lorsque ces irrégularités sont constatées, le ministre en charge du CONSUPE peut saisir le Conseil de discipline budgétaire et financière (CDBF) Le Conseil est une institution d'un genre particulier dont la singularité s'exprime dans sa nature et à travers sa fonction. Relativement à sa nature, c'est un organe rattaché au CONSUPE et qui, de ce fait, s'apparente à une administration. En ce qui concerne sa fonction, il a un caractère juridictionnel de par ses méthodes de fonctionnement il statue sur les affaires selon les procédures classiques et dans le respect du principe du contradictoire.

Cela étant, le CDBF peut infliger deux types de sanctions. D'une part, l'ordonnateur fautif s'expose à aux sanctions pécuniaires. Il peut être frappé d'une amende spéciale qui varie de 200 000 F à 2 000 000 FCFA, éventuellement majoré au titre de débet, du montant du préjudice réel subi par l'État. D'autre part, l'agent fautif en court deux cas de déchéances l'interdiction d'assumer pendant 5 ans les fonctions d'ordonnateur ou de gestion de crédit, l'interdiction d'être responsable à quelque titre que ce soit, pendant un délai de 5 à 10 ans, de l'administration.

Toutefois, les agents déchus peuvent bénéficier, par décret du Président de la République, d'une remise partielle ou totale des déchéances prononcées.

Mais l'action du CONSUPE et du Conseil de discipline budgétaire et financière (CDBF) est politiquement limitée, compte tenu de l'omnipotence du Président de la République, de la faiblesse des affaires et de la portée limitée des décisions.

SECTION 2. LE CONTRÔLE JURIDICTIONNEL

Le contrôle juridictionnel répond à trois préoccupations : contrôle et apurement des comptabilités, sanction des fautes de gestion et sanction des atteintes à la fortune publique. Ce contrôle est opéré par le juge judiciaire (1) et par le juge des comptes (2).

§2-1. LE CONTRÔLE DU JUGE JUDICIAIRE

Le contrôle opéré par le juge judiciaire répressif est fondé sur 2 textes : la loi du 9 novembre 1962 portant répression des infractions relatives à la fortune publique et l'art 184 du Code pénal sur le détournement des deniers publics.

La loi de 1962 vise d'abord toute personne ayant frauduleusement soustrait, détourné, volé, escroqué ou recelé les deniers publics appartenant à une personne publique. Dans ce cas, lorsque la somme en jeu est > à 100 000 F le délinquant s'expose aux travaux forcés à perpétuité, si la somme en jeu est < à 100 000 F il risque une peine de 15 ans de prison.

La loi de 1962 vise ensuite tout agent public qui, informé d'une irrégularité dans la gestion d'un comptable ne l'aurait pas dénoncé aussitôt à l'autorité hiérarchique la plus proche. Dans ce cas, l'agent coupable d'un délit de silence risque 2 à 5 ans de prison.

L'art. 184 du Code pénal, quant à lui, sanctionne le détournement de deniers publics par l'emprisonnement à vie si la somme est supérieure à 500 000 F. par un emprisonnement de 15 à 20 ans si la somme est entre 100 000 et 500 000 F et par un emprisonnement de 5 à 10 ans si la somme est inférieure à 100 000 F.

§2-2. Le contrôle du juge des comptes

Après l'expérience de la Cour fédérale des comptes durant les années 1960, le Cameroun a réintroduit, en 1996, dans son arsenal juridique une juridiction des comptes, en l'occurrence de la Chambre des comptes de la Cour Suprême.

Cette dernière est une véritable juridiction financière appelée à juger les comptes des comptables publics selon les procédures classiques et dans le respect des droits de la défense.

Les justiciables ici sont les comptes, autrement dit les comptables à l'exclusion des ordonnateurs, sauf ceux reconnus gestionnaires de fait.

SECTION 3. Le contrôle parlementaire

On peut retenir plusieurs mécanismes de contrôle

§ 3-1 Les questions écrites ou orales

Elles ne peuvent être posées en session extraordinaire comportant un ordre du jour limité que si elles ont trait à une affaire inscrite à l'ordre du jour.

Tout parlementaire qui désire poser au gouvernement des questions orales ou écrites, doit les remettre au Président de l'assemblée dont il est membre ; qui les fait tenir au ministre compétent après communication à l'Assemblée Nationale ou au Sénat.

Les questions doivent être très sommairement rédigées et ne contenir aucune imputation d'ordre personnel à l'égard de tiers nommément désignés. Une séance par semaine est, à l'initiative de la Conférence des Présidents, réservée en priorité aux questions orales. L'inscription des questions orales à l'ordre du jour est décidée par la Conférence des Présidents. Le ministre, puis l'auteur de la question, dispose seul de la parole, l'auteur de la question peut se faire suppléer par l'un de ses collègues.

Les orateurs doivent limiter strictement leurs explications au cadre fixé par le texte de leurs questions, ces explications ne peuvent excéder 3 minutes. Les ministres ont la faculté de déclarer par écrit que l'intérêt public leur interdit de répondre ou, à titre exceptionnel, qu'ils réclament un délai supplémentaire pour rassembler les éléments de leur réponse, ce délai supplémentaire ne peut excéder 8 jours.

§3-2. Les commissions d'enquête

Chaque assemblée parlementaire peut, par le vote d'une proposition de résolution déposée sur son Bureau constituer une Commission d'enquête. Les demandes de pouvoirs d'enquête doivent être adressées au Président de l'Assemblée qui les communique à l'Assemblée, elles sont inscrites à l'ordre du jour de l'Assemblée, sur décision de la Conférence des Présidents.

Les Commissions d'enquête sont formées d'une part pour recueillir des éléments d'information sur des faits déterminés et soumettre leurs conclusions à l'Assemblée qui les a créées, et d'autre part, pour examiner la gestion administrative, financière ou technique des services publics, en vue d'informer l'Assemblée, qui les a créées, du résultat de leur examen.

Il ne peut être créé de Commission d'enquête lorsque les faits ont donné lieu à des poursuites judiciaires et aussi longtemps que ces poursuites sont en cours Si une Commission a déjà été créée, sa mission prend fin dès l'ouverture d'une information judiciaire relative aux faits qui ont motivé sa création.

§3-3. Les rapporteurs spéciaux

Chaque année, les commissions parlementaires chargées des finances désignent chacune à l'ouverture de la première session ordinaire de l'année législative, un rapporteur général pour les recettes et des rapporteurs spéciaux chargés des dépenses publiques et du contrôle de l'usage des fonds publics. Lesdits rapporteurs disposent du pouvoir de contrôle sur pièces et sur place document ne peut leur être refusé, réserve faite des sujets à caractère secret touchant à la défense nationale, au secret de l'instruction et au secret médical (art. 85, loi du 11 juillet 2018).

§3-4. La loi de règlement

L'adoption de la loi de règlement aussi est un moyen de contrôle parlementaire des finances publiques (v. supra). Théoriquement, cette foi est importante puisque c'est elle qui permet d'apprécier la réalité de l'exécution du budget de l'État. Mais en pratique, elle n'a qu'une valeur ratificative, car elle ne fait pas l'objet d'une véritable exploitation dont on pourrait tirer des leçons.

Au demeurant, la portée du contrôle parlementaire est techniquement et politiquement limitée à la commande publique.

Une place de choix est désormais faite au **contrôle démocratique et très singulièrement au contrôle des citoyens des finances publiques.**

Au-delà de ce qui précède, le présent enseignement comporte un intérêt pratique certain. Celui-ci s'articule autour des instruments concrets de mobilisation des ressources financières des collectivités locales. Il permet encore de mobiliser les techniques et mécanismes de la dépense publique locale, ainsi que les spécificités qui s'appliquent au contrôle de ladite dépense, sans omettre celles relatives au système fiscal des personnes publiques locales en droit Camerounais.

En tout état de cause, l'assimilation du double intérêt théorique et pratique, sujette à la pertinence de la méthode adoptée. Celle-ci consistera à adopter et à s'approprier la rigueur du positivisme juridique.

§3-5. LA MÉTHODE

A la vérité, le positivisme juridique appelle à la conjugaison concomitante de la dogmatique et la casuistique, la première convoquée, consiste à interpréter les dispositions pertinentes des instruments normatifs c'est-à-dire, Constitutions, Codes, lois, actes réglementaires régissant le cadre réglementaire et le système et le système fiscal de la décentralisation au Cameroun.

À travers la casuistique, il sera question d'observer et de discuter les règles et solutions jurisprudentielles consacrées par le juge financier Camerounais, **c'est-à-dire la chambre**

des comptes de la Cours Suprême, saisie d'une question relative aux questions financières des CTD. C'est à la lumière de cette approche méthodologique que l'on étudiera successivement, le droit budgétaire des CTD **(Partie),** avant de s'intéresser au système **camerounais de fiscalité locale (Partie II).**

PARTIE 2 :

LE DROIT BUDGÉTAIRE DES COLLECTIVITÉS TERRITORIALES AU CAMEROUN

LOI N° 2019/024 DU 24 DEC 2019 PORTANT CODE GÉNÉRAL DES COLLECTIVITÉS TERRITORIALES DECENTRALISEES

La présente loi dans son article 1er porte Code Général des Collectivités Territoriales Décentralisées, ci-après désignées « les Collectivités Territoriales ».

Elle définit :

- le cadre juridique général de la décentralisation territoriale ;
- le statut des élus locaux ;
- les règles d'organisation et de fonctionnement des Collectivités Territoriales ;
- le régime spécifique applicable à certaines Collectivités Territoriales ;
- le régime financier des Collectivités Territoriales.

D'après ladite loi, les Collectivités Territoriales de la République sont les Régions et les Communes.

Les Régions du Nord-Ouest et du Sud-Ouest bénéficient d'un statut spécial fondé sur leur spécificité linguistique et leur héritage historique.

Dans le Chapitre II, article 8, il est indiqué que les Collectivités Territoriales personnes morales de droit public, jouissent de l'autonomie administrative et financière pour la gestion des intérêts Régionaux et locaux et règlent, par délibérations, les affaires de leur compétence.

Elles disposent de budgets et de ressources propres pour la gestion des intérêts régionaux et locaux.

Pour ce qui est du transfert des compétences, il est institué une Dotation Générale de la Décentralisation destinée au financement partiel de la décentralisation.

La loi des finances fixe, chaque année, la fraction des recettes de l'État affectée à la Dotation Générale de la Décentralisation est supérieure ou égale à quinze pour cent (15 %).

D'après les principes budgétaires, l'exercice budgétaire couvre une année civile. Toutefois, une période complémentaire allant du 1er au 31 Janvier de l'année suivante est accordée aux collectivités territoriales pour le règlement des opérations d'ordre à la clôture d'exercice.

Le budget voté est équilibré en recettes et en dépenses.

Le budget de la collectivité territoriale est approuvé par arrêté du représentant de l'État dans un délai de quinze (15) jours suivant la date de sa réception par celle-ci. Passé ce délai, le budget est réputé adopté.

Les opérations d'exécution du budget de la collectivité territoriale incombent aux ordonnateurs, aux contrôleurs financiers et aux comptables publics dans les conditions définies par la réglementation en vigueur.

Les opérations relatives à l'exécution du budget sont soumises au contrôle juridictionnel, au contrôle administratif, au contrôle de l'organe délibérant et aux audits.

Le contrôle juridictionnel des comptes des collectivités territoriales est exercé par la juridiction des comptes, conformément aux lois et règlements en vigueur.

Le contrôle administratif comprend :

- le contrôle exercé par les institutions et organes de contrôle de l'État ;

- le contrôle financier et comptable tel que défini par le régime financier de l'Etat et des autres entités publiques ;
- l'audit interne exercé par l'exécutif de la collectivité territoriale.

Un contrôle de régularité et de performance et de la gestion des collectivités territoriales et des établissements publics locaux ainsi que des entités privées ayant reçu une subvention, ou l'aval ou une caution de la collectivité territoriale, peut être mené par les services spécialisés de l'État, conformément aux lois et règlements en vigueur.

Lors de l'examen du projet de budget ou du compte administratif, l'organe délibérant exerce un contrôle sur l'exécution du budget, ainsi que des programmes et projets y afférents.

D'entrée en jeu, il convient de procéder à quelques rappels fondamentaux. Ceux-ci concernent l'objet du droit budgétaire en public financier d'une part et d'autre part les principes juridiques du droit budgétaire. Cela permettra de mieux saisir la teneur des règles substantielles du droit budgétaire. Celui-ci peut être envisagé selon deux approches. L'une est extensive, l'autre, restrictive.

En effet, envisagé de manière extensive, le droit budgétaire a pour objet l'ensemble des règles juridiques régissant les budgets des personnes publiques.

De manière plus restrictive, le droit budgétaire s'articule autour des règles de présentation, d'élaboration, d'exécution et de contrôle de l'exécution du budget des personnes publiques. À cet égard, il convient de signaler l'existence d'une controverse doctrinale entre deux écoles de pensées en droit financier.

Certains auteurs considèrent que le droit budgétaire se résume exclusivement, aux règles régissant l'élaboration et la présentation des budgets des personnes publiques. D'autre soutiennent que le droit budgétaire intègre non seulement la première catégorie de règles ci-dessus évoquées, mais également celles régissant l'exécution et le contrôle de l'exécution du budget des personnes publiques. Sans vouloir trancher ce débat, il est important d'établir une classification artificielle, à des fins strictement pédagogiques entre le droit budgétaire et le droit de la comptabilité.

Bien plus, le droit budgétaire des CTD révèle une réception des principes juridiques régissant le budget de l'État. En d'autres termes les principes du droit budgétaire des CTD mutadis, similaires à ceux de l'État. C'est par exemple que, l'on trouve dans la loi portant régime financier de l'État, la consécration des principes d'annualité, d'universalité budgétaire, de spécialité des crédits et d'équilibre budgétaire, tel que consacré par la loi n° 2009/011 du 10 juillet 2009, portant régime financier des collectivités territoriales décentralisées au Cameroun, ont connu quelques évolutions du fait, de l'avènement de la loi n° 2018/011 du 11 juillet 2018, portant régime financier de l'État et des autres entités publiques.

À la suite du législateur communautaire, à travers les directives du 19 décembre 2011, le législateur camerounais prend le soin d'internaliser, de s'approprier, la programmation budgétaire comme nouvelle politique ou stratégie d'élaboration des budgets des personnes publiques. Cette stratégie nouvelle qui ne répudie pas totalement la teneur de l'annualité budgétaire, consacre désormais la programmation budgétaire. Celle-ci postule l'élaboration des activités et d'actions des personnes publiques au-delà d'une année budgétaire, mais dans une limite n'excédant pas trois ans. De même, en dépassement du principe de l'équilibre budgétaire consacré par l'article 35 de la loi du 10 juillet 2009 portant régime financier des CTD, le législateur camerounais du 11 juillet 2018, consacre désormais un principe de soutenabilité budgétaire. En effet tandis que l'équilibre budgétaire se résume autour de l'interdiction de déficit ou excédent budgétaire, le principe de soutenabilité budgétaire, autorise les personnes publiques à exécuter les budgets déficitaires à condition de pouvoir assumer les dépenses prioritaires inscrites dans les programmes budgétaires.

Dans tous les cas, le cadre juridique des opérations budgétaires réalisées dans par les CTD au Cameroun, révèle quelques adaptations des principes classiques du droit budgétaire de l'État à celui des CTD. C'est sous le signe de cette observation liminaire que l'on peut mieux approfondir les règles régissant l'élaboration du budget des CTD au Cameroun (chap. 1), des observations liminaires valent pour les règles relatives à l'exécution et au contrôle de l'exécution (chap.2)

CHAPITRE V :

L'ÉLABORATION DU BUDGET DES COLLECTIVITÉS TERRITORIALES DÉCENTRALISÉES AU CAMEROUN

Une précision conceptuelle s'impose d'abord. Celle-ci concerne la notion d'élaboration du budget. D'étymologie latine, tirée du verbe « Laborare », qui signifie travailler l'élaboration d'un budget, désigne l'ensemble des opérations ou des activités juridiques préalables à l'exécution du budget des personnes publiques. L'on envisage précisément la préparation, le vote on l'adoption, et l'approbation du budget

PRINCIPES BUDGÉTAIRES DÉFINITIONS

Le budget est la représentation chiffrée des programmes d'activités d'une institution ou d'un organe de gestion des fonds publics. Ces activités incluent donc aussi bien :

• Les dépenses relatives au fonctionnement de l'Agence (personnel, fonctionnement, équipement destiné à l'Agence) que ;

• Les dépenses relatives aux projets dont l'exécution lui est confiée.

Principes

Les principes budgétaires suivants sont observés :

1. La programmation pluriannuelle des activités

Les budgets annuels sont la traduction des activités à exécuter dans le cadre des projets ou opérations L'efficacité du processus budgétaire dépendra donc de la qualité de la programmation de ces activités dans le temps. Cette programmation doit prendre en compte la durée totale de chaque projet.

2. L'actualisation annuelle des activités

La budgétisation annuelle est une actualisation annuelle de la programmation à moyen terme. Ainsi, et à titre d'exemple, si un projet à exécuter doit avoir une durée de trois (03) ans, la programmation des activités doit, au départ, prévoir les dépenses globales sur les 3 ans et les répartir ensuite sur chaque exercice budgétaire couvrant la période. La budgétisation consistera ensuite à préciser chaque année le détail des dépenses relevant de l'exercice concerné en tenant compte des écarts constatés entre prévisions initiales et réalisations. Cet exercice permet d'actualiser la programmation budgétaire des exercices suivants.

2.1 Le calendrier du processus budgétaire

Le processus d'élaboration du budget annuel doit être totalement achevé avant le début de l'exercice budgétaire pour ne pas bloquer le fonctionnement de l'institution et permettre l'engagement des dépenses budgétisées.

2.2 Processus d'élaboration du budget

2.2.1 Instructions préparatoires du budget

Les instructions préparatoires ont pour objectif d'aider les responsables à mieux préparer leur budget annuel. Elles sont élaborées, à partir de l'exploitation des différents rapports et des programmes d'activités.

2.2.2 Exécution du budget

L'exécution du budget consiste en :

- ➨la mise en place du budget ;
- ➨l'encaissement des ressources budgétisées ;
- ➨l'engagement et le paiement des dépenses budgétisées.

Tout agent souhaitant faire engager une dépense doit au préalable s'assurer de la disponibilité des crédits budgétaires correspondants.

2.2.3 Suivi budgétaire

Un budget est toujours un exercice de prévision reposant sur des estimations d'activités et de coûts à moyen et court terme. La comparaison des réalisations des activités aux programmes, aboutit souvent à des écarts entre les prévisions budgétaires initiales et les réalisations. Ces écarts proviennent de différences positives ou négatives sur les coûts de réalisation et/ou les volumes d'activité. Les réactions doivent être faites à temps afin d'éviter les impasses budgétaires.

2.2.4 Révision budgétaire

Les écarts constatés peuvent conduire à entreprendre une révision budgétaire visant à réadapter les crédits ouverts aux coûts et aux activités à mener.

Ces actes juridiques sont réalisés, suivant une procédure spéciale dans le cadre de la vie financière des CTD au Cameroun. De manière claire, l'étude de l'élaboration du budget des CTD au Cameroun, oblige à exposer les actes d'élaboration de ce type de budget (section1). Aussi convient-il de décrire la procédure suivant laquelle, ces actes doivent être réalisés (section2).

SECTION I. LES ACTES D'ÉLABORATION DES CTD AU CAMEROUN

Trois principaux actes doivent être envisagés de manière distinctive dans le cadre de l'élaboration du budget des CTD en droit positif scamerounais. Il s'agit de la préparation (p1) d'une part, de l'adoption et de l'approbation du budget des collectivités locales d'autre part (p2).

P. 1 : LA PRÉPARATION DU BUDGET LOCAL

La notion de préparation est entendue ici, suivant deux approches complémentaires : l'une traditionnelle ou classique et l'autre moderne ou dynamique.

Dans son approche classique, la préparation du budget des personnes publiques, consiste à déterminer les prévisions de recettes et de dépenses d'une personne publique. En revanche la conception moderne, consacrée endroit positif camerounais, par les lois **N° 2007/006 du 26 décembre 2007 portant régime financier de l'État,** et la loi **n° 2018/011 du 11 juillet 2018, portant régime financier de l'État et des autres entités publiques** consacrent l'élaboration dans programmes comme articulation nouvelle de l'élaboration du budget des personnes publiques.

Il s'agit au-delà des prévisions de recettes et de dépenses, de déterminer les projets, activités et actions à réaliser par les pouvoirs publics au cours du prochain exercice budgétaire ou encore durant une période triennale. En d'autres termes la préparation du budget sous-entend non seulement l'évaluation préalable des recettes et dépenses, des ressources et des charges de la collectivité, mais aussi la détermination ex-ante des programmes économiques et socio-culturels à implémenter durant la période concernée. Celle-ci est en général triennale. Ces préalables étant évacués, deux questions urgentes se posent.

- A qui incombe le devoir de préparer le budget d'une CTD ?

-Quelles sont les obligations ou attributions de l'autorité de préparation du budget ?

A. Le titulaire de la fonction de préparation du budget local

En vertu de l'article 38 de la loi n° 2009/011du10 juillet 2009, portant régime financier des (TD), le budget est préparé par le chef de l'exécutif. Dans le même sens l'article 416 (1) du Code général des Collectivités Territoriales Décentralisées dispose que « Le chef de l'exécutif prépare le budget de la collectivité locale ». Pour autant, deux contraintes demeurent. La première est juridique : la seconde socio- politique. Au plan juridique en effet, l'élaboration du budget de l'État.

La seconde contrainte de nature socio-économique tient à la nécessité de la prise en compte des consultations citoyennes et du cadre à moyen terme suivant le début d'activités budgétaires.

Pour la clarté du présent exposé, l'on distinguera l'autorité de préparation du budget local, selon qu'il s'agit de la commune (1) ou de la région (2).

1. La préparation du budget au sein de la commune

Le titulaire de la fonction de préparation du budget communal est le maire. Cette règle repose sur deux fondements normatifs. En vertu de l'article 434 (9) du Code général des Collectivités Territoriales décentralisées, portant loi applicable aux communes, « le maire est l'ordonnateur du budget de la commune, de la communauté urbaine et de la commune d'arrondissement». La deuxième explication à la solution ci-dessus consacrée, repose sur l'article71 alinéa 2 de la loi N° 2004 ci-dessus. Cet article dispose que, le maire est l'ordonnateur du budget de la commune. Qu'en est-il de la région ?

2. L'AUTORITÉ DE PRÉPARATION DU BUDGET AU SEIN DE LA RÉGION

Conformément à l'article 65 de la loi n° 2004/019 du 22 juillet 2004, fixant les règles applicables aux régions, le Président du Conseil Régional est l'organe exécutif de la région. A ce -titre, il ordonnance-les-recettes-et-dépenses-de-la-région sous réserve des dispositions particulières régies par la réglementation en vigueur.

Les dispositions pertinentes de la loi ci-dessus invoquées suscitent un sentiment mitigé. Si l'on peut se satisfaire de la détermination précise du chef de l'exécutif de la CTD, comme personnalité responsable de la préparation du budget au plan administratif et politique, la réalité socio politique offre moins de matière à satisfaction.

La coloration politique des chefs d'exécutifs des CTD), ainsi que la qualité de la ressource humaine généralement perfectible, siégeant à la tête des exécutifs locaux, peut justifier quelques appréhensions quant à la pertinence des prévisions et orientations socio-économiques des autorités compétentes en matière de

Préparation de budget des CTD. Heureusement le législateur prend le soin de préciser le cahier de charges de ces personnalités au titre de la préparation du budget.

B. Les obligations de l'autorité de préparation du budget

Le législateur camerounais consacre deux principales catégories d'obligations à la charge des chefs des exécutifs des CTD dans la préparation du budget.

La première obligation consiste à préparer des budgets sincères et réalistes. L'on pourrait donc affirmer qu'il existe une réitération ou une réaffirmation du principe de sincérité budgétaire en matière de décentralisations financière La des prévisions budgétaires, sous-entend la conformité desdites prévisions à la réalité économique locale ou nationale et au contexte global de situation macroéconomique national.

Autrement dit la décentralisation budgétaire des CTD interdit au chef de l'exécutif de déterminer les prévisions budgétaires sans tenir compte de la réalité du contexte économique local, national ou international.

La seconde obligation qui incombe à ces autorités au titre de la préparation du budget, porte sur l'observation des **ratios précis déterminés par le législateur. Ainsi, les prévisions des dépenses d'investissement doivent être fixées au taux maximum de 40 % (quarante pour cent) des dépenses totales. Quant aux dépenses de fonctionnement** celles-ci ne doivent pas excéder 60 % (soixante pour cent) des dépenses totales ; enfin, les dépenses de personnel ne doivent dépasser 35 % (trente-cinq pour cent) des dépenses de fonctionnement. En tout état de cause, les obligations ci-dessus indiquées ne sont pas des veux pieux, leur violation peut être assortie de sanctions plus ou moins rigides. Ainsi par exemple, **la non présentation du projet de budget avant le 30 novembre peut être suivi de la suspension du chef de l'exécutif concerné** pour une période n'excédant pas trois mois. Bien plus, la **loi no 2018/01 juillet 2018 envisage des peines d'amendes** sans préjudice des autres sanctions susceptibles d'être prononcées par d'autres juridictions en marge de la Chambre des Comptes de la Cour Suprême. A la vérité, dans le cadre du nouveau régime financier de l'État et des autres entités publiques, le législateur camerounais semble consacrer une définition extensive de la faute de gestion, susceptible d'être qualifiée et sanctionnée par la chambre des comptes de la CS[1]. La faute de gestion désigne désormais, tout acte d'omission ou de négligence par un agent de l'État d'une CTD, "partout représentant ou administrateur, ou agents d'organismes manifestement contraires à l'intérêt général. En prenant acte de cette définition extensive de la faute de gestion, Ton peut aisément intégrer dans cette catégorie, les actes et autres négligences susceptibles d'être imputés au chef de l'exécutif d'une CTD, dans le cadre de la préparation du budget de ladite collectivité... Une fois préparé, le projet de budget doit être soumis à l'adoption des organes compétents.

P.2 : L'ADOPTION ET L'APPROBATION DU BUDGET LOCAL

Il convient d'analyser de manière successive, les organes d'adoption et d'approbation budget local **(A),** avant de s'attarder sur les attributions respectives desdits organes **(B).**

A. LES ORGANES D'ADOPTION ET D'APPROBATION DU BUDGET LOCAL

1. L'ORGANE D'ADOPTION

L'adoption du budget communal ou régional, incombe **à l'organe délibérant de chacune des collectivités locales**, ci-dessus invoquées. Telle est la teneur de l'article 422 (1) du Code général des Collectivités Territoriales Décentralisées (CTD), qui dispose : **« le budget de la collectivité territoriale, est voté, par l'organe délibérant, au plus tard le 15 novembre de chaque année ».** Sous réserve des dispositions de l'article 423 alinéa 2 ci-dessus. Cet article vise des incidents susceptibles d'émailler l'adoption du budget de la collectivité (voir info). Ce qui précède revient à dire de manière concrète que l'adoption du budget incombe au conseil municipal dans le cas de la commune ; et au conseil régional dans le cadre de la région. Pour ce qui est du syndicat de commune, la convention de création qui fixe les modalités. **Quid de l'approbation du budget local.**

2. L'ORGANE D'APPROBATION DU BUDGET DES CTD

La règle consacrée par l'article 426 du Code général des Collectivités Territoriales Décentralisées « **le budget de la collectivité locale est approuvé pour arrêter Du représentant de l'État dans un délai de 15 jours suivant la date de réception par celui-ci. Passé ce délai, le budget est approuvé.** ». En tout état de cause, le législateur assigne des missions précises aux organes d'adoption et d'approbation du budget des CTD au Cameroun.

B. LES ATTRIBUTIONS DES ORGANES D'ADOPTION ET D'APPROBATION DU BUDGET LOCAL

Ces attributions varient selon qu'elles sont exercées par les organes délibérants des C12 (1) ou par les autorités de tutelle desdites collectivités (2).

1. LES ATTRIBUTIONS DES ORGANES DÉLIBÉRANTS DES CTD

Conformément aux observations précédentes, l'on a pu noter que le conseil municipal et le conseil régional ont pour **principales missions l'adoption du budget de la commune ou de la région**. Bien plus, l'adoption du budget ne doit être précédée de l'examen préalable par l'organe compétent. L'opération d'examen du budget vise des **objectifs juridiques et politiques**. Au plan juridique d'une part, les organes délibérants sont pour mission de vérifier que les prévisions budgétaires préparées par les organes exécutifs respectent les ratios fixés par l'article 417 du Code général des Collectivités territoriales Décentralisées qui dispose « **le**

budget de la commune et de la communauté urbaine est élaboré dans le respect des ratios ci-après ;

-Les prévisions des dépenses d'investissement doivent être fixées à un taux minimum de 40 % des dépenses totales ;

-Les prévisions des dépenses de fonctionnement ne doivent pas excéder le taux de 60 % des dépenses totales ;

- Les dépenses des personnels ne doivent pas excéder 35 % des dépenses de fonctionnement.

- Alinéa 2 : « Le budget de la région est élaboré dans le respect des ratios ci-après ;

-Les prévisions des dépenses d'investissement doivent être fixées à un taux minimum Les prévisions des dépenses de fonctionnement ne doivent pas excéder le taux de 40 % des dépenses totales ;

-Les dépenses des personnels ne doivent pas excéder 30 % des dépenses de fonctionnement. »

D'autre part, au plan politique, l'examen du budget par l'organe délibérant consiste pour ce dernier à questionner un à vérifier la conformité des programmes élaborés par les organes exécutifs aux aspirations des politiques locales. Ces dernières elles- mêmes donnent en phase avec les programmes nationaux de développement.

Au-delà Je ce dernier pouvoir d'examen du projet de budget, les organes délibérants des CHDI disposent également d'un pouvoir d'amendement des projets de budget présentés par les organes exécutifs. Venons-en à présent aux attributions des autorités de tutelle.

LES ATTRIBUTIONS DES AUTORITÉS DE TUTELLE

De façon idéale et classique, les autorités de tutelle ont pour mission d'approuver le budget adopté par les organes délibérants des CTD Bien plus, la loi confère à ces autorités un pouvoir de modification d'office du budget adopté au sein de la C.T.

Trois hypothèses sont envisagées par le législateur à cet égard. En d'autres termes, l'autorité de tutelle se réserve le droit de modifier d'office le budget adopté par le Conseil Municipal ou par le Conseil régional dans trois cas de figure. **Soit que le budget n'a pas été voté en équilibre, soit les crédits inscrits pour couvrir.**

Les dépenses obligatoires sont insuffisantes, soit enfin, les ratios prévus à l'article 19 n'ont pas été respectés.

Pour importants que les pouvoirs de l'autorité de tutelle puissent paraitre. Ceux- ci ne sont point pour autant illimités. **En effet, l'autorité de tutelle ne peut modifier d'office le budget, ni augmenter des dépenses, encore moins inscrire des nouvelles dépenses, à l'exception des dépenses obligatoires.** Il apparait donc qu'en la matière, la tutelle de l'État sur les CID n'induit nullement **un pouvoir de substitution du pouvoir central sur les collectivités locales.** Au final. L'élaboration du budget des CTD révèle une organisation scientifique du travail entre les élus locaux, précisément les organes exécutifs et les organes délibérants locaux et d'autre part ceux-ci et les autorités de tutelle. **La préparation du budget local, semble donc confiée aux organes exécutifs, tandis que les opérations d'approbation** ressortissent à la compétence des organes délibérants. Au bout de la chaine de préparation du budget interviennent les organes d'approbation. Ces derniers sont garants non seulement de la régularité des prévisions budgétaires, mais également de la performance des autorités dirigeantes des CTD. Que dire de la procédure d'élaboration du budget local ?

Au terme de la suspension, un nouveau délai de quinze jours est accordé l'organe délibérant pour le vote de budget. En cas de persistance du refus, l'organe délibérant peut-être dissout. Dans tous les cas, durant les périodes de suspension ou de dissolution de l'organe délibérant, l'autorité de tutelle peut reconduire le budget par douzièmes provisoires.

Un dernier type d'incident peut intervenir au titre de l'approbation du budget.

LES INCIDENTS DE L'APPROBATION DU BUDGET

Ceux-ci sont encadrés par l'article 428 (1) et (2) du Code général des Collectivités Territoriales Décentralisées. Qui dispose dans l'alinéa 1 « **lorsque le budget n'a pas été voté avant le début de l'exercice, l'autorité de tutelle compétente met immédiatement en demeure partout moyen laissant trace écrite, la collectivité territoriale concernée d'y remédier sous 15 jours** » L'alinéa 2 ajoute **« jusqu'au vote et à l'approbation du budget, l'autorité de tutelle reconduit le budget de l'exercice par douzièmes provisoires ».**

En toute hypothèse le législateur camerounais consacre une variété de solutions et de mécanismes Juridiques destinés à garantir la permanence et la continuité du service public local, nonobstant les retards et autres difficultés du budget des CTD dans les délais idéaux. Au-delà des observations qui précèdent. L'une des innovations majeures du Code général des Collectivités Territoriales Décentralisées est la sanctuarisation de la transparence et de la participation citoyenne dans la procédure d'élaboration du budget local. Tel est l'esprit de l'article 429 du code qui dispose (...)

CHAPITRE VI :

L'EXÉCUTION ET LE CONTRÔLE DE L'EXÉCUTION DU BUDGET DES COLLECTIVITÉS TERRITORIALES DÉCENTRALISÉES

Après leur élaboration, les prévisions budgétaires des collectivités locales doivent être matérialisées. C'est l'objet de l'exécution du budget de ces entités locales.

Aussi, la nécessité de garantir la régularité et la performance de ces opérations imposent l'urgence de leur contrôle. Pour cette raison, il faut exposer les règles et principes régissant l'exécution (section 1) et le contrôle de l'exécution (section 2) de ces personnes publiques. Mais, au préalable il convient de déterminer dans une section préliminaire la nature des ressources et des charges des CTD afin de mieux cerner les principes, règles et autres techniques juridiques régissant les opérations budgétaires de la décentralisation financière au Cameroun.

SECTION PRÉLIMINAIRE : LA NATURE DES RECETTES ET DES DÉPENSES DES CTD AU CAMEROUN

La détermination de la nature des dépenses (PI) doit précéder celle des recettes
(PII) des CTD.

P1 : LES DÉPENSES DES CTD EN DROIT CAMEROUNAIS

Le législateur camerounais opère une classification ambivalence des dépenses CTD.

Tantôt, il réalise une classification bipartite(A). Tantôt, il procède à une classification tripartie des CTD (B).

A. La classification bipartite des dépenses des CTD

Elle consiste à distinguer d'une part les dépenses de fonctionnement (1) à côté des dépenses d'investissement (2).

1. Les dépenses de fonctionnement

Le législateur camerounais qualifie les dépenses de fonctionnement des CTD suivant deux critères complémentaires. Il s'agit d'abord du **critère finaliste** et en suite du **critère de l'interactivité** c'est –à-dire, du caractère habituel ou répétitif des dites dépenses. En effet, selon le premier critère, les dépenses de fonctionnement sont celles qui servent aux activités quotidiennes des CTD. Elles concourent précisément à la couverture des charges et obligations courantes de ses personnes publiques.

Selon le second critère, les dépenses de fonctionnement sont celles qui se renouvellent. En effet, les CTD sont des services publics. En tant que tels, elles réalisent des activités courantes pour lesquelles s'imposent à elles des dépenses tout aussi habituelles. Dans ce registre et sans prétention à l'exhaustivité, l'on trouve les charges de personnel ou encore les charges liées à l'acquisition du matériel de bureau. Ce premier type de dépenses se distingue substantiellement des dépenses d'investissement.

2. Les dépenses d'investissement

Celles-ci obéissent à un critère unique. Il s'agit du critère finaliste. Celui-ci consiste en la réalisation des équipements et des infrastructures ainsi qu'à l'acquisition des matériels contribuant à l'enrichissement du patrimoine des CTD. Au-delà de cette première classification bipartite, il en existe une autre, c'est la classification tripartie.

B. La classification tripartite des dépenses publique locales

La loi portant régime financier des CTD distingue **les dépenses, obligatoires, les dépenses facultatives ; et les dépenses interdites.** Les premières sont celles qui doivent impérativement figurer dans le budget des CTD. Cette catégorie de dépenses vise à assurer le fonctionnement optimal de la CTD. Le législateur y intègre entre autres les traitements et salaires, les indemnités et autres avantages prévus par les textes, les impôts et taxes à reverser, les dettes exigibles, les dépenses nécessaires à la réalisation des programmes d'investissement.

La seconde catégorie de dépenses est constituée des **dépenses facultatives**. Ces dernières peuvent être suspendues lorsque les moyens de la CTD s'avèrent peu suffisants.

La troisième et la dernière catégorie de dépenses est constituée des dépenses interdites. En vertu de **l'article30 (2) de la Loi du 10 juillet 2009 portant régime financier des CTD**, il s'agit notamment des prêts consentis par une CTD à une personne privée. Il s'agit également des subventions aux associations non déclarées et autres structures non agrées, les subventions aux associations et congrégations religieuses, ainsi qu'aux partis politiques. Le législateur prend également le soin de détermine les recettes des CTD.

P2 : Les recettes des CTD

Ici encore sont distinguées les recettes de fonctionnement(A) des recettes d'investissement(B).

A. Les recettes de fonctionnement

Ce sont de recettes itératives. Cela signifie que celle-ci se renouvèlent habituellement. Dans ce registre l'on retrouve les recettes fiscales, les recettes d'exploitation du domaine et service. Les dotations et subventions et autres recettes diverses.

Parmi les recettes fiscales le législateur énumère les impôts directs locaux, les centimes additionnels sur les impôts d'État, les taxes directes et indirectes acquittées au profit des CTD.

Dans le registre des recettes d'exploitation du domaine et des services l'on compte les revenus du domaine public ou privé de la région, les revenus des prestations de service.

La catégorie de dotation et de subventions comporte entre autres : la dotation générale de fonctionnement octroyée aux communes urbaines d'arrondissement par les communautés urbaines ainsi que la dotation générale de la décentralisation versée aux CTD par l'État. Qu'en est-il des recettes d'investissement.

LES RECETTES D'INVESTISSEMENT

Il s'agit de recettes ponctuelles. Celles-ci contribuent également à enrichir le patrimoine des CTD.

Dans ce registre l'on retrouve les emprunts à long terme, les fonds de dotation, les fonds de concours ainsi que les dons et legs.

En tout état de cause, la personnalité morale ainsi que l'autonomie administrative et financière concédée par l'État aux CTD expliquent que ces entités infra-étatiques possèdent ou disposent des ressources et exécutent des dépenses en toute liberté à côté, ou en dehors de l'État. Il s'agit là de l'implication financière d'un principe fondamental du droit de la décentralisation : le principe de libre administration des CTD. C'est encore conformément à l'esprit de ce principe que se réalise l'exécution des opérations financières des CTD malgré les contrôles susceptibles de s'appliquer à ces dernières.

SECTION 1 : LES TECHNIQUES D'EXÉCUTION DU BUDGET DES CTD

Selon la nomenclature classique l'on peut analyser distinctement les techniques d'exécution des recettes (P1) avant celles régissant les dépenses (P2). Toutefois, avant d'en venir à l'exécution proprement dite des opérations ci-dessus désignées, il est important de rappeler que les opérations d'exécution du budget des CTD obéissent aux principes classiques du droit de la comptabilité publique de l'État.

L'on vise singulièrement le principe de séparation des ordinateurs et des comptables. Le principe de sincérité comptable et le principe de responsabilité.

Concernant d'abord le principe de la séparation des ordonnateurs et des comptables, ce principe est consacré par multiples instruments normatifs. L'on peut viser entre autres **l'article 46 (2) loi du 26 Décembre 2007 portant régime financier l'État. Ce principe est également réitéré par la loi n° 2009/011 du 11 Juillet 2009, régime financière des CTD également la teneur de l'article 64 (2) loi n° 2018/011 du 11 juillet 2018 portant régime financier de l'État.** L'autorisé règlementaire n'a nullement fait l'économie de ce principe. Elle qui réaffirme aux termes de l'article 7 (1) décret n° 2020/375 du 07 juillet 2020 portant règlement général de la comptabilité publique. Cet article dispose : « Les fonctions d'ordinateur et de comptable public. (2) Les conjoints, les ascendants des ordonnateurs ne peuvent être coupables des entités publiques auprès desquelles ces ordonnateurs exercent leurs fonctions ».

En substance, ce principe signifie que les fonctions d'ordonnateurs et de comptable publiques sont incompatibles.

En effet, le principe de séparation des ordonnateurs et des comptables établit non seulement une incompatibilité des fonctions mais aussi une indépendance des autorités.

Sur le premier point à savoir, l'incompatibilité des fonctions, ce principe signifie que, le même agent ou la même personnalité, ne saurait au même moment, exercer les fonctions d'ordonnateur et de comptable public. Conformément à la directive communautaire du 19 décembre 2011, l'autorité réglementaire, à travers le décret du 07 juillet 2020, portant règlement général de la comptabilité publique au Cameroun, a procédé à une extension de la teneur de l'incompatibilité des fonctions. Non seulement, l'incompatibilité concerne, l'agent titulaire des fonctions d'ordonnateurs et de comptable, mais cette incompatibilité s'étend également, aux conjoints, mais aussi aux ascendants et descendants de l'ordonnateur et du comptable. Toujours en ce qui concerne l'incompatibilité des fonctions, le principe de séparation entre l'ordonnateur et le comptable, fait de l'ordonnateur le juge de l'opportunité de la dépense publique, tandis que le comptable public est seulement juge de la régularité de ladite dépense.

Au surplus, l'ordonnateur tient un compte administratif, tandis que le comptable tient un compte de gestion au-delà de l'incompatibilité des fonctions, le principe de séparation des ordonnateurs et des comptables, établit également une indépendance des autorités dites indépendantes apprécie au plan statutaire d'une part, et au plan organique d'autre part.

D'abord au plan statutaire l'ordonnateur dans le cadre de la décentralisation financière est une personnalité élue C'est le cas du maire ou du président du Conseil régional en revanche, le comptable public est généralement un agent public, nommé, désigné au préposé auprès d'une CTD, aux fins de réalisation des opérations de payement de la dépense ou de recouvrement des recettes, ou encore de détention de deniers publics. C'est la raison pour laquelle. Le législateur interdit. L'existence d'une quelconque relation hiérarchique entre ces deux autorités. Il faut ajouter en plus que, l'ordonnateur assure les actes de constatation des recettes ou alors pour ce qui est de dépenses, il est chargé d'engager, de liquider et d'ordonnancer la dépense publique.

Le comptable public pour sa part, se contente, d'encaisser ou de recouvrer la créance ou la recette publique, ou alors de faire payer la dépense. Au sein des CTD, la fonction de comptable public est généralement exercée put le receveur municipal. **Toutefois, il faut observer à la lumière de la loi n° 2018/012 DU 11 Juillet 2018, portant régime financier de l'État et des autres entités publiques,** que la fonction de comptable public au sein des organismes publics au Cameroun exercée par le comptable et le contrôleur financier. En tout état de cause, même si le principe de séparation des ordonnateurs et des comptables publics n'est point d'application absolue, il faut retenir, qu'il s'agit d'un principe fondateur du droit de la comptabilité publique destiné à protéger l'intégrité des deniers publics, tout en prévenant les agents publics contre les tentations de prévarication. Un autre principe fondamental de l'exécution du budget des personnes publiques locales est le principe de sincérité comptable. Consacré par l'article 85, de la loin° 2009/011, ce principe établit la fidélité de la situation financière et patrimoniale de la CTD, aux informations fournies par les agents, chargés de la tenue de ladite comptabilité.

Le dernier principe, qui régit l'exécution du budget des CTD, est le principe de responsabilité des acteurs. Il s'agit d'un principe importé de la directive du 19 Décembre 2011, relative à la transparence et à la bonne gouvernance dans la gestion des finances publiques au sein des États membres de la CEMAC.

Cette directive est introduite en droit camerounais, par la loi n° 2018/011 du 11 Juillet 2018, portant Code de transparence et de bonne gouvernance dans la gestion des finances publiques.

En substance, ces deux instruments normatifs, prescrivent aux autorités publiques de procéder à une déclaration de leurs biens, au début et au terme de leur mandat.

Il exige également des mêmes acteurs, de rendre publiques toutes les informations relatives La gestion des finances publiques. Ces obligations valent naturellement pour les élus locaux dans le cadre de la décentralisation financière. C'est en tout cas, sous l'autorité des principes ci-dessus présentés, que doivent s'exécuter les recettes, et les dépenses, des CTD au Cameroun.

P.1 : L'EXÉCUTION DES RECETTES DES COLLECTIVITÉS TERRITORIALES DÉCENTRALISÉES

Comme dans le cadre de l'État, l'exécution des recettes des CTD obéit à ces catégories d'opérations juridiques ou encore deux phases juridiques, qui incombent de manière respective, a l'ordonnateur d'une part (A), et au comptable public d'autre part. (B).

A. L'EXÉCUTION ADMINISTRATIVE DES RECETTES DES CTD

Assurée par le chef de l'exécutif municipal ou par le président du conseil régional.

L'exécution administrative des recettes communales, s'articule autour de deux principes juridiques. Outre la constatation de la recette, l'ordonnateur est chargé d'émettre un titre de perception et de liquider le montant de la recette ou de la créance établie au profit de la CTD ou observer que la négligence l'ordonnateur à réaliser les diligences nécessaires à cet égard est suivant la loi 2018/012 de Juillet 2018, constitutive de faute de gestion Qu'en est-il de l'exécution comptable des recettes locale.

B. L'EXÉCUTION COMPTABLE DES RECETTES LOCALES

Réalisée par la comptabilité publique, c'est-à-dire le receveur municipal ou l'agent comptable nommé au sein du service de recette de la Collectivité locale, cette opération se-résume autour de l'encaissement ou du décaissement de la créance, préalablement entamée et liquidée par l'ordonnateur. Le recouvrement est l'opération juridique par laquelle la recette passe du patrimoine privé vers les caisses du trésor public. Tous autres sont les opérations juridiques, qui concourent à l'exécution de la dépense publique locale.

P.2 : L'EXÉCUTION DES DÉPENSES PUBLIQUES LOCALES

Celle-ci se réalise également en deux principales phases. L'une administrative, assure par l'ordonnateur et l'autre comptable, réalisé par le comptable public.

A. LES OPÉRATIONS D'EXÉCUTION DES DÉPENSES PUBLIQUES LOCALES ASSURÉES PAR L'ORDONNATEUR

Conformément aux procédures d'exécution classique des dépenses publiques, les autorités. Chargées de la gestion financière des CTD, sont tenues de réaliser trois actes juridiques fondamentaux Il s'agit :

- De l'engagement
- De la liquidation
- L'ordonnancement

En effet, l'engagement est la décision par laquelle, une autorité administrative, exerçant en qualité d'ordonnateur, met à la charge d'une personne publique, une obligation dont résultera une opération financière. Il peut s'agir, du recrutement d'un agent, de la passation d'un marché public, l'acquisition d'un matériel ou d'une fourniture ou encore la mise en mission d'un collaborateur.

En suite la liquidation est l'opération qui consiste à déterminer la valeur vénale c'est à dire le montant à acquitter par la personne publique au titre de l'exécution de l'engagement financier, initié par l'ordonnateur.

En fin, l'ordonnancement, est l'ordre donné par l'ordonnateur au comptable public, de payer ou de faire payer la dépense envisagée.

En somme, les actes d'engagement, de liquidation d'ordonnancement de l'exécution de la dépense publique incombent au maire de la commune et diffère alors des opérations comptables qui ressortissent à la compétence du comptable public.

B. La phase comptable de l'exécution de la dépense publique

Celle-ci consiste uniquement à procéder au payement de la dépense par le comptable public. Il est tenu, avant de procéder à tout payement, de demander l'accord préalable celui-ci consiste à prendre la légitimité de faire avec exactitude l'objet de l'imputation budgétaire, l'effectivité de sa dépense. En tout état de cause, l'irrégularité des opérations incompressibles sont soumise à diverses modalités de contrôle.

SECTION 2 : Le contrôle de l'exécution de la dépense publique

Le législateur camerounais, ne semble guère prolixe au sujet des modalités de contrôle de l'exécution de la dépense publique locale. Cette réalité s'explique par les dispositions légales qui régissent les opérations budgétaires et comptables. Il s'agit notamment, du contrôle administratif, du contrôle politique et du contrôle juridictionnel. Sous ce rapport, l'on peut distinguer d'une part, le contrôle no juridictionnel des opérations budgétaires des CTD (PI), du contrôle strictement juridictionnel desdites opérations, (P2).

P.1 : Contrôle non juridictionnel des opérations budgétaires des CTD au Cameroun

Il peut s'agir d'un contrôle administratif, (a), ou d'un contrôle politique(b).

A. Le contrôle administratif de la dépense publique locale

II s'agit d'un contrôle de régularité et d'un contrôle de performance des opérations budgétaires, réalisé en symbiose. En effet, pour ce qui concerne de la régularité des opérations celle-ci est réalisée par l'agent comptable et le contrôleur financier près des CTD. Le contrôleur financier a pour mission d'apporter son accord préalable (visa budgétaire) pour toute dépense publique. Il est interdit à l'ordonnateur, dire au Chef Service de la dépense, ou au Président du Conseil Régional de passer outre, sans l'autorisation spéciale du Ministre des Finances.

La régularité des opérations budgétaires, est encore vérifiée par le contrôleur financier afin de rassurer que l'ordonnateur a respecté un ensemble de formalités préalables avant de procéder au payement de la dépense Toujours dans le registre du contrôle, l'approbation préalable du budget par l'autorité de tutelle, apparait également comme une forme de contrôle administratif à priori, du budget de la collectivité locale. C'est le lieu de rappeler que dans le cadre de l'élaboration du budget l'autorité de tutelle exerce un pouvoir d'approbation du projet de budget de la collectivité locale. Dans ce cadre, cette autorité vérifie notamment le respect des ratios, fixés aux termes de l'article 38 de la loi n° 2009/011 du 10 juillet 2009, portant fiscalité locale. Le control, administratif du budget des collectivités locales, peut également dire un outil de performance. En effet, le décret du 4 septembre 2013, portant organisation des services du Contrôle Supérieur de l'État, assigne à ce ministère délégué à la présidence de la

République une autorisation de contrôle de la performance des entités publiques, au rang desquels, l'on compte les CTD. Il faut ajouter que le pouvoir d'approbation du budget de la collectivité locale par l'autorité de tutelle est également un contrôle de performance, car l'autorité de tutelle a également le devoir de vérifier l'ensemble des programmes de la collective locale avec les politiques publiques.

En marge, des modalités classiques du contrôle administratif ci-dessus décrites ce dernier peut également être diligenté par des organismes indépendants, a l'instar de l'Agence Nationale Investigation Financière (ANIF) et de la commission

Nationale Anti-Corruption (CONAC). En dehors du juge, le contrôle du budget des CTD, peut également être un contrôle politique.

B. Le contrôle politique

Ce type de contrôle fait l'objet d'un double aménagement. L'an relativement nouveau en droit politique camerounais.

L'aménagement classique du contrôle politique du budget des CTD à attribuer cette mission aux organes délibérants des collectivités locales décentralisées et par des **articles 104 et 105 de la loi n° 2009/011 du 10 juillet 2009. L'article 104 de cette loi dispose en effet, lors de l'examen du budget ou du compte administratif, l'organe délibérant exerce un contrôle sur l'exécution du budget, ainsi que les programmes y afférents. L'article 105 ajoute : l'organe délibérant peut constituer des commissions ad hoc sur des sujets intéressant la gestion financière de la collectivité territoriale les rapports de cette commission, sont soumis à l'appréciation de l'organe délibérant."**

De ce qui précède. L'on peut retenir que le schéma classique du contrôle politique, des CTD au Cameroun, peut consister en un contrôle a priori ou en contrôle concomitant. Le premier contrôle, est celui réalisé par l'organe délibérant de la collectivité avant l'adoption du budget de ladite collectivité. En revanche, le conseil est diligenté par les commissions ad hoc de l'organe délibérant, durant l'exercice budgétaire encours.

Le contrôle politique du budget des CTD, transcende désormais le cadre classique des organes délibérants des dites collectivités. En effet, la loi n 2018-011 du

novembre 2018 portant Code de transparence et de bonne gouvernance dans la gestion des finances publiques, oblige désormais, tous les gestionnaires publics à rendre publiques les informations relatives à la situation financière de leurs entités encore que dans ce registre, La loi portant régime financier des collectivités locales, oblige celles-ci à mettre à la disposition des autorités locales, les documents et informations budgétaires desdites réalisations pour laquelle la doctrine considère désormais, que le Contrôle politique du budget des CTD devient davantage un contrôle démocratique l'on n'hésite pas à cet égard, a parler de plus en plus de contrôle citoyen des finances publiques. Quoiqu'il en soit, les opérations budgétaires des collectivités locales, peuvent être soumises au juge c'est l'objet de contrôle Juridictionnel.

P.2 : Le contrôle juridictionnel de l'exécution de la dépense publique locale

Une relative ambiguïté semble caractériser le contrôle juridictionnel du budget des collectivités locales au Cameroun. En effet, si l'on s'en tient à la lettre de l'article T07 de la for n 2009.0114a 10 juillet 2009, l'on constate que le contrôle juridictionnel de comptes de collectivités territoriales décentralisés, est exercé par la juridiction des comptes. Au Cameroun, cette fonction est assurée par la Chambre des Comptes de la Cour Suprême. Crée par la loi 2001/07 du 21 avril 2003, portant création, organisation et fonctionnement de la Chambre des Comptes de la Cour Suprême.

Pour pertinent que puisse paraitre cette observation, celle-ci ne semble pas paraitre à la suite en dehors de la chambre des comptes de la Cour suprême, le contrôle juridictionnel des Opération budgétaires, des collectivités territoriales décentralisées, est également réalisé par les juridictions judiciaires singulièrement répressives lorsqu'un chef d'exécutif d'une CTD. S'est rendu coupable de détournement de deniers publics, c'est-à-dire, d'appropriation irrégulière de patrimoine d'une collectivité locale. C'est dans le même ordre d'idées, que s'inscrit la compétence du Tribunal Criminel Spécial, lorsque le montant en cause est supérieur à 50 000 000 FCFA.

Au final, c'est une lapalissade que d'affirmer que les ressources des CTD constituent des deniers publics C'est la raison pour laquelle, ceux-ci font l'objet d'un triple contrôle administratif, politique et judiciaire.

Aux termes des développements qui précèdent, l'on a pu noter que la décentralisation financière en construction au Cameroun, comporte une forte dimension budgétaire et comptable. Celle-ci doit être utilement complétée par des considérations relatives aux impôts locaux. C'est l'objet de l'étude du système camerounais de fiscalité locale.

P.3 ORGANES DE RÉPRESSION CONTRE LES DÉTOURNEMENTS DE LA FORTUNE PUBLIQUE

La lutte contre la corruption au Cameroun montre l'implication de :

* des Institutions de contrôle en l'occurrence la CONAC, le CONSUPE, l'ANIF, l'ARMP et le CNC

* des Juridictions, dont 08 TPI, 01 TGI, le TCS et la Section Spécialisée de la Cour Suprême ;

* Des Départements ministériels effectivement impliqués dans la lutte contre ce fléau ;

* des Entreprises publiques, Sociétés Publiques et parapubliques ;

* le GICAM ;

* les Organisations de la Société Civile, plusieurs acteurs poursuivent la mise en place de leur Cellule de lutte contre la corruption au regard des nouvelles configurations administratives, en l'occurrence les CTD qui ne se sont pas encore véritablement stabilisées dans leur fonctionnement

A. Activités de la CONAC

Mise en œuvre de la Stratégie Nationale de Lutte Contre la Corruption à travers d'une part, la prévention, la communication, la formation et la coopération avec les acteurs engagés dans la lutte contre la corruption et d'autre part, la conduite des missions d'investigations sur le terrain visant la collecte et le rassemblement des preuves d'actes, de pratiques et de faits de corruption au terme desquelles une synthèse des préjudices financiers subis par l'État a été produite. Services du Contrôle Supérieur de l'État (CONSUPE)

Déploiement en interne, de la Cellule consacrée à cette activité et au sein du Conseil de Discipline Budgétaire et Financière (CDBF), présidé par le chef de ce département ministériel.

L'Agence Nationale d'Investigation Financière

Service public de renseignement financier institué par le Règlement n° 01/03-

CEMAC-UMAC-CM, portant prévention et répression du Blanchiment des Capitaux et Financement du Terrorisme dans chaque État de la sous-région Afrique Centrale. Institutions de régulation.

Il s'agit de l'Agence de Régulation des Marchés Publics (ARMP), du Conseil National de la Communication (CNC), de l'Agence de Régulation du Secteur de l'Électricité

(ARSEL) et de l'Agence d'Electrification Rurale (AER).

Avec l'adoption de la Stratégie Nationale de Développement 2020-2030 (SND30), le pays dispose d'un nouveau cadre de référence pour son action de développement au cours de la prochaine décennie. Elle articule les engagements internes et internationaux du pays au plan économique, social et environnemental.

La Stratégie Nationale de Développement 2020- 2030 s'appuie sur les leçons de la mise en œuvre du Document de Stratégie pour la Croissance et l'Emploi (DSCE) dont elle prend le relais jusqu'en 2030, dans la perspective de l'accomplissement des objectifs de la Vision 2035 qui ambitionne de faire du Cameroun « un pays émergent, démocratique et uni dans sa diversité ».

Le DSCE prévoyait que malgré les perspectives à la baisse de la production pétrolière et l'entrée en vigueur des Accords de Partenariats Economiques (APE), les recettes pétrolières totales se maintiendraient au-dessus de 15 % du PIB à l'horizon 2020. Ce ratio s'est situé en moyenne annuelle à 16,1 % sur la période de revue. Les recettes non pétrolières ont représenté en moyenne 13,5 % du PIB au-dessus de la cible de 13,1 %. D'un autre côté, on observe une baisse moyenne de 8,2 points de la part des recettes pétrolières dans les recettes propres de l'Etat sur la période 2010-2017, comparativement à la période de mise en œuvre du DSRP.

En effet, cette part a baissé de 30,8 % à 22,6 % entre les deux périodes. En ce qui concerne spécifiquement la dette, après une longue période marquée par la réduction de celle-ci, consécutivement à l'initiative PPTE, la période couverte par le DSCE, s'est traduite par une augmentation progressive du stock de la dette publique. Le ratio dette / PIB est ainsi passé de 16,3 % en 2010 à 31,3 % du PIB en2017, puis à 36,8 % en fin juillet 2019. Ce rythme d'endettement exige davantage de prudence, quoique les ratios de viabilité de la dette publique du Cameroun demeurent en deçà des plafonds normatifs selon le critère de converge de la CEMAC. En effet, les ratios dette publique (intérieure et extérieure) sur PIB et dette extérieure sur PIB sont respectivement restés inférieurs à 70 % et 40 %.

Les objectifs globaux poursuivis par la SND30 sont :

(i) mettre en place les conditions favorables à la croissance économique et l'accumulation de la richesse nationale et veiller à obtenir les modifications structurelles indispensables pour l'industrialisation du pays ; (ii) améliorer les

conditions de vie des populations et leur accès aux services sociaux de base en assurant une réduction significative de la pauvreté et du sous-emploi ; (ii) renforcer les mesures d'adaptation et d'atténuation des effets des changements climatiques et la gestion environnementale pour garantir une croissance économique et un développement social durable et inclusif ; et (iv) améliorer la gouvernance pour renforcer la performance de l'action publique en vue de l'atteinte des objectifs de développement.

Gouvernance institutionnelle et décentralisation.

Au cours de la période de mise en œuvre du DSCE, des avancées majeures ont été enregistrées au plan institutionnel. En effet, le Sénat, chambre haute du parlement, a été mis en place et est pleinement fonctionnel. Il en est de même du Conseil constitutionnel. En outre, plusieurs textes ont été promulgués notamment la loi N° 2016/007 du 12 juillet 2016 portant Code pénal et la loi N° 2019/024 du 24 Décembre 2019 portant code général des Collectivités Territoriales Décentralisées.

En matière de gouvernance locale, les premières compétences ont été transférées aux communes par l'État central en 2010. Conformément au principe de progressivité, en 2018, 63 compétences ont été transférées par 21 ministères. En ce qui concerne les atteintes à la fortune publique, le dispositif a été renforcé avec la création du Tribunal Criminel Spécial (TCS) par la loi N° 2011/028 du 14 Décembre 2011 qui est opérationnel depuis 2012.

SECTION 3 : Exemple de gestion décentralisé des finances publiques

DÉCRET N° 2010/0240/PM DU 26 FEV 2010 fixant les modalités d'exercice de certaines compétences transférées par l'État aux Communes en matière de création et d'entretien des communales, ainsi que de la construction et de gestion des bacs de franchissement.

ARTICLE 3.- **(1)** Les compétences transférées par l'Etat en matière de création et d'entretien des routes communales, ainsi que de construction, d'entretien et de gestion des bacs de franchissement, sont exercées par les Communes dans le strict respect des dispositions légales et réglementaires en vigueur. (2) L'exécution des dépenses y relatives obéit aux dispositions du Code des Marchés Publics

ARTICLE 6.- Le transfert par l'État des compétences en matière de création et d'entretien des routes communales, ainsi que de construction, d'entretien et de gestion des bacs de franchissement, s'accompagne du transfert concomitant des ressources nécessaires à leur exercice normal par les Communes.

ARTICLE 7.- La loi de finances de l'État prévoit chaque année les ressources nécessaires à l'exercice des compétences transférées aux Communes en matière de création et d'entretien des routes communales, ainsi que de construction, d'entretien et de gestion des bacs de franchissement

ARTICLE 9.- (1) Les ressources financières transférées par l'État sont exclusivement réservées à l'exercice des compétences correspondantes.

(2) Lesdites ressources sont inscrites aux budgets des communes.

(3) Leur gestion obéit aux principes budgétaires et comptables en vigueur.

ARTICLE 11.- L'Etat assure le suivi, le contrôle et l'évaluation de l'exercice des compétences transférées aux

Communes en matière de création et d'entretien des routes communales, ainsi que de construction, d'entretien et de gestion des bacs de franchissement.

ARTICLE 12.- (1) La Commune et les services déconcentrés de l'État dressent semestriellement un rapport sur l'état de mise en œuvre des compétences transférées en matière de création et d'entretien des routes communales, ainsi que de construction, d'entretien et de gestion des bacs de franchissement. (2) Ledit rapport est adressé concomitamment au Ministre chargé de la décentralisation et au Ministre chargé des travaux publics.

P.1 La gestion des finances des syndicats des communes

Les ressources d'un syndicat des communes proviennent, soit des contributions des communes, de la dotation générale de la décentralisation, des financements du FEICOM ou d'autres institutions publiques ainsi que des financements mobilisables par les responsables du syndicat pour des projets précis. Il s'agit donc essentiellement des fonds publics qui doivent obéir à la nomenclature de gestion des finances publiques. Et comme il s'agit d'une excroissance des communes, nous proposons que cette gestion financière soit tenue conformément au décret N° 98/266/PM du 21 Août 1998 portant approbation du plan comptable sectoriel communal et l'adoption de la nomenclature budgétaire communale. D'ailleurs, l'article 140 de la loi N° 2004 – 18 du 22 Juillet 2004 fixant les règles applicables aux communes stipules dans ce sens que :

« Le budget est élaboré et exécuté conformément aux modalités définies par le régime financier des collectivités territoriales décentralisées ».

P.2 L'IMPORTANCE ET L'UTILITÉ DE L'INTERCOMMUNALITÉ DANS LE CONTEXTE CAMEROUNAIS

La loi camerounaise définit l'intercommunalité à travers le syndicat des communes. Selon la loi n° 2004/018 du 22 juillet 2004 fixant les règles applicables aux communes dans son chapitre II à l'article 133 (1) : « **Les communes d'un même département ou d'une même région peuvent par délibérations concordantes acquises à la majorité d'au moins deux tiers(2/3) de chaque conseil municipal, se regrouper** en syndicat **en vue de réaliser des opérations d'intérêt intercommunal** ». Cette loi distingue le syndicat des communes de la coopération décentralisée qui d'après l'article 131 (1) **« résulte d'une convention par laquelle deux (02) ou plusieurs communes décident de mettre en commun leurs moyens en vue de réaliser des objectifs communs. Elle peut s'opérer entre des communes camerounaises ou entre celles-ci et des communes étrangères, dans les conditions fixées par la législation et la réglementation en vigueur »** L'on constate ici que la coopération décentralisée ne tient pas compte de la territorialité alors que le syndicat des communes qui consacre l'intercommunalité la limite à un territoire administratif précis (département, région).

L'intercommunalité a été pensée pour pallier à certaines insuffisances constatées au niveau des communes, lesquelles entravent le développent des différents territoires.

En effet, la « fragmentation » administrative et politique des territoires en plusieurs communes détaillées, de populations et ressources plus ou moins faibles et jouissant d'une grande proximité, limite leurs capacités d'interventions individuelles. Dans ce contexte, cette intercommunalité trouve tout son sens parce que plusieurs communes sont endettées et ont des ressources financières insuffisantes, ne disposent pas de ressources humaines qualifiées, ne peuvent pas acquérir certains équipements nécessaires d'un coût très élevé. Certains appuis extérieurs peuvent s'obtenir plus facilement lorsque les communes sont regroupées. La majorité des communes camerounaises sont endettées. Suivant des informations concordantes malheureusement non étayées par des preuves écrites, parce que ces informations sont inexistantes ou difficilement accessibles, la très grande majorité des communes camerounaises est endettée. Les dettes les plus importantes sont des créances dues à la CNPS pour le non payement des cotisations sociales des employés depuis plusieurs années, à la défunte SONEL aujourd'hui AES Sonel pour non payement des factures d'électricité, particulièrement pour l'éclairage public et d'autres installations communales, ainsi qu'au FEICOM pour les crédits de financement accumulés des projets, autres équipements et infrastructures…etc. Toutes ces communes endettées ont une situation financière critique qui ne leur permet pas de disposer des capacités financières nécessaires pour pouvoir assurer convenablement leurs missions. Elles ont donc intérêt à s'associer à d'autres dans le cadre de l'intercommunalité pour minimiser leurs charges. Par exemple, au lieu de vouloir recruter chacune du personnel et acheter des équipements pour rendre des services qui relèvent de leurs compétences, cela peut se faire plus facilement si les coûts sont partagés. La majorité des communes camerounaises ont des ressources financières insuffisantes. Les comptes administratifs de plusieurs communes camerounaises prouvent qu'elles n'ont pas de recettes suffisantes pour couvrir leurs dépenses, surtout des actions de développement à réaliser. En parcourant plusieurs de ces comptes administratifs, on constate que les prévisions de recettes sont très rarement atteintes. Il est très fréquent de voir des communes avec des arriérés des salaires pour le personnel, des équipements inexistants ou très vétustes. La réalisation des projets dans les communes l'est souvent grâce aux financements du FEICOM, et de plus en plus certains projets comme le PNDP, donc très peu avec des ressources propres. Dans ces conditions, et du fait que toutes les communes assurent quasiment les mêmes services, se regrouper dans le cadre de l'intercommunalité soulagerait chacune et la pression financière serait moins forte. En d'autres termes, la mutualisation des moyens financiers doit faciliter la réalisation des projets communs dont chacun tirerait profit.

P.3 Les mesures financières incitatives

Tout comme les communes, les regroupements intercommunaux ne peuvent pas exister sans ressources financières. Au moment où le transfert des ressources aux communes est d'actualité, il faudrait envisager également des mesures financières incitatives spéciales pour encourager ces collectivités à aller vers l'intercommunalité.

Il existe déjà des bases à travers les dispositions de certains nouveaux textes règlementaires qui restent à appliquer. Il s'agit de L'article 1 de la Loi N° 2009 /011 du 10 Juillet 2009 portant régime financier des collectivités territoriales décentralisées en son (3) qui stipule : « elle s'applique aux régions, aux communes, aux communautés

Urbaines, aux syndicats des communes, aux établissements publics communaux et à toute autre collectivité territoriale créée par la loi ». Il y 'a également l'article 3 du Décret N° 2009/248 du 05 Août 2009 portant modalités d'évaluation et de répartition de la Dotation Générale de la Décentralisation qui stipule : « Sont éligibles à la Dotation Générale de la Décentralisation, les régions, les communes, les syndicats de communes et les communautés urbaines ». Maintenant que ce cadre a été fixé, il faut effectivement l'appliquer pour que des allocations financières importantes soient réservées à l'intercommunalité dans le budget de l'État.

BIBLIOGRAPHIE

AKOUNE Farhana, *Le statut du comptable en droit public financier*, Paris, LGDJ, 468 p.

ALBERT Jean-Luc, SAIDJ Luc, *Finances publiques,* 6ème édition, Paris, Dalloz, collection cours, 2009, 775 p.

BARILARI André, *Les contrôles financier, administratif, comptables et juridictionnels*, Paris, LGPDJ, 2003, 180 p.

BOUVIER Michel, BARILARI André, *La loi et la nouvelle gouvernance financières de l'État*, 3ème édition, Paris, LGDJ, 2010, 251 p.

BOUVIER Michel, ESCLASSAN Marie-Christine, LASSALE Jean-Pierre, *Manuel de finances publiques*, 10ème édition, Paris, LGDJ, 2010, 1030 p.

BOUVIER Michel, ESCLASSAN Marie-Christine, LASSALE Jean-Pierre, *Finances publiques*, 11ème édition, Paris, LGDJ, 2012, 1066 p.

CATEAU Damien, *Droit budgétaire-comptabilité publique*, LOLF et GBCP, Paris Hachette supérieur, 2016,182 p.

DAMARIEY Stéphanie, *Exécution et contrôle des finances publiques*, Paris, Dalloz, 2017, 260 p.

LASCOMBE Michel, VANDENBDRIESSCHE Xavier, *Les finances publiques*, Paris, Dalloz, 2017, 260 p.

LEKENE DONFACK, *Finances publiques camerounaises,* Paris, Berger-Levraut 1987, 490 p.

PAYSANT André, *Finances publiques*, 5ème édition, Paris, Armand Colin, 1999, 470 p.

PHILIPE Loïc (dir.), *Dictionnaires encyclopédiques des finances publiques,* Paris, Economica, 2 vol., 1994, 1647 p.

PHILIPE Loïc, *Finances publiques*, 5ème édition, Paris, Cujas, 1995, 472 p.

MUZELLE Raymond, *Finances publiques*, Paris, Sirey, 2002, 528 p.

PICARD Jean-François, *Finances publiques*, Paris, Lexis Nexis/Lictec (coll. manuel), 2009, 436 p.

SIETCHOUA DJUITCHOKO Célestin, *La chambre des comptes de la cour suprême du Cameroun. Les principaux arrêts, avis, rapport de certification du compte générale de l'État et rapports d'observation afin de contrôles commentés,* Préface du Professeur **Magloire Ondoua**, Yaoundé, Kilimandjaro, 1ère édition, 2016, 477 p.

Manuel de pilotage et d'exécution du budget programme au Cameroun, janvier 2013 (Téléchargement) en ligne.

Article des Doctrines

BIAKAN Jacques, « La réforme du cadre juridique et les finances publiques au Cameroun : la loi portant régime financier de l'État », in Ondoua Magloire (dir), *L'administration publique camerounaise à l'heure des réformes*, Yaoundé, L'Harmattan-Cameroun, 2010, pp. 9-28.

KOUA Samuel Éric, « La prescription de la cour des comptes comme institution supérieure de contrôle des finances publiques et le droit communautaire CEMAC aux Etats membres ; le plan comptable du Cameroun », *Jurisdis périodique*, n° 119, avril-mai-juin 2018, pp. 75-85.

NGUIMFACK VOUFO Théophile, « Du juge administratif au juge des comptes : l'apport de la chambre des comptes au droit des entreprises publiques au Cameroun », *Revue panafricaine des sciences juridiques comparées* (la mosaïque), n° 13, juillet 2016, pp. 22-64.

— « Commentaire de la loi n° 2017/021 du 20 décembre 2017 portant loi de la République du Cameroun pour l'exercice 2018 », *Jurisdis périodique*, n° 112, octobre-novembre-décembre 2017, pp. 92-105.

— « Le droit budgétaire camerounais à l'épreuve du droit communautaire CEMAC, commentaire de la loi n° 2018/012 du 11 juillet 2018 portant régime financier de l'État et des autres entités publiques », *Jurisdis périodique,* n° 116, pp. 44-58.

PEKASSA NDAM Gérard Martin, « Les comptes spéciaux du trésor dans les États d'Afrique francophone », *Cahiers juridiques de l'université de Ngaoundéré,* 2009, pp. 203-222.

PHILIP Loic, « Panorama du contrôle des finances publiques dans le monde », *RFFP*, n° 101, 2008, pp. 15-41.

SIETCHOUA DJUITCHOKO Célestin, « Notes sous « CSC/CDC/S3 du 18 janvier 2009, compte de gestion de l'Université de Dschang (Uds) », *Jurisdis périodique,* n° 84, octobre, novembre, décembre 2010, pp. 73-86.

« Le nouveau régime financier de l'État du Cameroun » (commentaire de la loi n° 2007/006 portant régime financier de l'État), *Jurisdis périodique*, n° 68, octobre-novembre-décembre 2007, pp. 46-66.

« La difficile gestation des juridictions inferieures des compte s du Cameroun » (commentaire de la loi n° 2006/017 fixant l'organisation et le fonctionnement des tribunaux des comptes), *Jurisdis périodique*, n° 68, octobre-novembre-décembre 2006, pp. 101-115.

« La réforme inachevée du contrôle juridictionnel des comptes au Cameroun » (commentaire de la loi n° 2003/005 du 21 avril 2003 fixant les attributions, l'organisation et le fonctionnement de la chambre des comptes de la cour suprême, *Jurisdis périodique*, n° 56, octobre-novembre-décembre 2006, 2003, pp. 73 -91.

« L'appropriation des formalités substantielles par le juge des comptes au Cameroun », *Jurisdis périodique,* n° 94, avril-mai-juin 2013, pp. 56-66.

« La chambre des comptes de la cour suprême, nouveau juge administratif au Cameroun », *Revue juridique et politique des États francophones*, n° 3, juillet-septembre 2013, pp. 269-285.

Table des matières

Textes

1. Directive n° 06/11 UEAC -190-CM-22 du 11 décembre relative au code de transparence et de bonne gouvernance dans la gestion des finances publiques.

2. Directive n° 01/11 UEAC-190-CM-22 du 11 décembre relative aux lois des finances.

3. Directive relative n° 02 /11 UEAC -190-CM -22 du 11 décembre relative au règlement général des comptabilités publiques.

4. Directive n° 03/11 UEAC -195-CM -22 du 11 décembre relative au plan comptable de l'État.

5. Directive n° 04/11-UEAC-190-CM-22 du 11 décembre relative nomenclature budgétaire de l'État.

6. Directive n° 05 11/UEAC-190-CM -22 du 11 décembre 2011 relative au tableau des opérations financières de l'État.

7. La loi n° 2018/011 du 11 juillet 2018 portant régime financier de l'État et des autres entités publiques.

8. La loi n° 2018/011 juillet 2018 portant code de transparence et de bonne gouvernance dans la gestion des finances publiques du Cameroun.

PUBLIC FINANCES AND DECENTRALISATION IN CAMEROUN

PREFACE

At the crossroads of Cameroon's socio-economic challenges, François Marie DJOA BOYAM's book titled: PUBLIC FINANCES AND DECENTRALISATION, a diptych with additional value, aims at guiding the reader through the complex maze of public finance and decentralization. These interconnected topics, which are vital for national development, are examined here with analytical precision and a critical spirit that reflects the academic profile and rich professional experience of its author.

Public Finance, the backbone of any economy, is also at the centre of our preoccupations. The judicious allocation of resources, transparency and accountability in their management are key elements in guaranteeing sustainable and equitable growth.

At a time when the National Development Strategy 2030 is being implemented, it is even more important than in the past to ensure that public finance management policy meets the requirements of sustainable development and that it fits harmoniously within the context of decentralization implemented by the government. This dynamic and inescapable process plays a key role in the quest for autonomy by local authorities. Decentralization therefore becomes an essential pillar of local governance, capable of promoting a fairer distribution of resources and stimulating endogenous development.

The budgetary law of Regional and Local Authorities plays a key role in the decentralization process, governing the planning, execution and control of local budgets. The author takes the reader through the legal mechanisms that govern these processes, assessing their effectiveness in terms of promoting transparency, accountability and citizen participation.

The author, through a multidisciplinary approach, examines how Cameroon has embarked on this path, exploring the successes, challenges and prospects, while highlighting the legal framework within which budgetary decisions are made at local level.

This book, which deserves being delivered in an officially bilingual format, makes a significant contribution to understanding the complex dynamics underlying public finance, decentralization and the budgetary law of Regional and Local Authorities in Cameroon. I hope that researchers, decision-makers, practitioners and all those interested in the crucial issues of governance will find it a rich and enlightening source of information.

Professor Jacques FAME NDONGO
Minister of State, Minister of Higher Education

ACKNOWLEDGEMENT AND THANKS

I would like to thank the Almighty God who has always given me a special place in my academic and professional life, and who has never ceased to shower me with His many blessings.

I would equally like to thank my extended family, my colleagues administrators at ex-CEFAM, my fellow Mayors, my friends whose very judicious comments helped me with my writing, as well as my dear son for his careful proofreading of this edition, not forgetting Madam Huguette BOUTARD and Mr HUMBERT Pierre, an expert from the French Cooperation Agency (APCI), who came to join us for the opening of CEFAM.

The author is, of course, solely responsible for any imperfections in this work. He would rather like to make it clear that this is only a contribution towards sharing knowledge in the field of public finance.

FOREWORD

Simone Veil said: *"The spirit of abstraction kills man"*. In the Cameroonian context, Public Finance falls within the scope of this 'lethal abstraction'. Now the most protected area of State property management, Public Finance is clearly the exclusive domain of some decision-makers.

Public Finance is in a way becoming a precious asset based on the *"transparency"* of every public asset decision-maker at every stage of the decision-making process for the proper use of State funds made available to the various components of the organisation of the country.

The budget of the State should be made available to the public for transparency purposes, in order to guarantee the interest of all citizens, without discrimination. This is all the more important given that the development for which these funds are made available is intended to reach all sections of the population of Cameroon. Thus, the dissemination of information contained in this document should, in our opinion, enable all citizens to be guided by Law No. 2018/011 of 11 July 2018 to lay down the Cameroon Code of Transparency and Good Governance in public finance management in accordance with the CEMAC Directive of 11 December 2011.

Decree No. 2023/7405 of 6 September 2023 to lay down the distribution of the Common Decentralization Fund for the 2023 financial year clearly specifies the spirit within which all public assets managers should operate. This is ample proof of the obvious interest that the President of the Republic, His

Excellency Paul Biya, has in the development of local authorities in general and of every Cameroonian citizen in particular. To this end, his book *Communal Liberalism,* highlights the need *"to promote community ethics and solidarity in an organised, structured and disciplined society where a sense of the common good reigns".*

If no one is supposed to ignore the law, all regulatory provisions, including those contained in Law No. 2019/024 of 24 December 2019 on the General Code of Regional and Local Authorities, one of whose missions is to improve the living environment and conditions of the population, should enable our young generations, at the end of their academic careers, to easily adapt to the world of employment for better management of the environment and natural resources.

This explains why this legal provision calls on local authorities to encourage the emergence of all classes of businessmen and women, without favouritism of any kind, so that they can carry out their daily activities with great enthusiasm. On the basis of this prerequisite, the earth, our common home, and our natural resources could then be put to good use.

Mr DJOA BOYAM François Marie, who is familiar with this issue, is proposing this knowledge in order to help disseminate and facilitate the adoption of this dynamic. This work is intended to help all managers in the public and collective sphere to understand the basic instruments, the various concepts related to public finance, the budget preparation process, budget implementation and control, etc. Particular emphasis is placed on clarifying these issues in order to provide a basic understanding of the objectives assigned to regional and local authorities.

It is therefore a significant contribution and a work that readers will quickly become attached to, provided they are concerned with the issues addressed. I strongly recommend that you read it.

Father Paul NDE, C.S.Sp.
Pastoral Service for Emigration
Archdiocese of Turin - Italy

LISTE OF ABREVIATIONS

REA	Rural Electrification Agency
N.A	National Assembly
NAFI	National Agency for Financial Investigation
NACL	National Application for the Computerized and Logistics Processing of State Personnel.
EPA	Economic Partnership Agreements
ARMP	Public Contracts Regulatory Agency
Art	Article
AES-SONEL	American Electricity Energy- National Electricity Company
ARSEL	Electricity Sector Regulatory Agency
BEAC	Bank of Central African States
WB	World Bank
BUCREP	Central Bureau of Censuses and Populations Studies
CAA	Autonomous Sinking Fund
AB	Audit Bench
CC	Constitutional Council
BFDB	Budget and Finance Disciplinary Board

D2D	Debt Reduction-Development Contract
CEMAC	The Central African Economic and Monetary Community
Cf	See
CH	Chapter
COMFIB	Budget and Finance Committee
CONAC	National Anti-Corruption Commission
NPDC	National Public Debt Committee
NCC	National Communication Council
NIC	National Identity Card
CONSUPE	Supreme State Audit
CRTV	Cameroon Radio and Television
RLA	Regional and Local Authority
STC	Specialised Technical Committees
GDB	Directorate General for Budget
DGC	Directorate General of Customs
DGT	Directorate General of Taxation
NSIF	National Social Insurance Fund
BOD	Budgetary Orientation Debate
GESP	Growth and Employment Strategy Paper
PRSP	Poverty Reduction Strategy Paper
P.Es	Public Establishments
ENAM	National School of Administration and Magistracy
FEICOM	Special Council Fund for Mutual Assistance

IMF	International Monetary Fund
GICAM	The Cameroon Inter-Employer Group
NIS	National Institute of Statistics
FL	Finance Law
AFL	Annual Finance Law
AFL	Intermediary Finance Law
PFL	Partial Finance Law
AFL	Amending Finance Law
LOFL	Law on the Orientation of the Finance Law
MINFI	Ministry of Finance
LOFL	Council Budget Nomenclature
PCSC	Council Sectoral Accounting Plan
DFL	Draft Finance Law
PM	Prime Minister
NPDP	National Participatory Development Programme
PPBS	Planning Programming Budgeting System
PR	President of the Republic
PTT	Post and Telecommunication and Telex
HIPC	Heavily Indebted Poor Country
GDP	Gross Domestic Product
RBC	Rationalization of Budgetary Choice
SECT	Section
SSSC	Specialised Section of the Supreme Court
SIGIPES	Computerised Integrated Personnel and Payroll Management System

SND30	National Development Strategy (NDS2020-2030)
SONEL	National Electricity Company
TAN	Session at the National Assembly
SCC	Special Criminal Court
HC	The High Court
CFI	Court of First Instance
UMAC-CM	Central African Monetary Union

INTRODUCTION

The State is a legal entity that operates like a company and cannot carry out its functions without resources, hence the predominant role played by Public Finance in the functioning of public administration.

The purpose of this manual is to provide readers with tools necessary to coordinate and ensure consistency in initiating and processing public accounts management operations.

At the regulatory level, the shortcomings observed in the management of public finances concern both the drafting and the implementation and, above all, the monitoring and evaluation of the implementation of management and accountability policies.

From an organisational point of view, shortcomings have been observed in the application of measures to ensure that the funds made available to public and private institutions and companies are properly used. As a result, there is a lack of knowledge of the procedures for disbursing and using the funds, leading to mismanagement.

To better understand the concept of Public Finance, we will adopt two approaches. These include the formal approach (SECTION 1) and the material approach (SECTION 2).

SECTION 1. FORMAL UNDERSTANDING OF PUBLIC FINANCE

Public finance is formally a sub-set of general public law. Its sources (p1) and its institutional framework (p2) justify to a large extent this double parentage.

§1. SOURCES OF PUBLIC FINANCE

The sources of public finance are positive law (A), case law (B) and legal doctrine (C).

A. INSTRUMENTS

Many legal instruments deal with the management of public finances. It is normal to present them according to a classification based on the criterion of their authority. On this basis, a distinction is made between so-called supra-legislative sources (1) and those described as infra-conventional.

1. SUPRA LEGISLATIVE SOURCES

Legislative sources are instruments with a legal value higher than that of the law. In the Cameroonian legal order, they include the Constitution and international treaties and agreements.

a. THE CONSTITUTION

Some of the provisions of the 18 January 1996 1996 is more or less precisely related to Public Finance. They aim at regulating the budgetary powers of the government. They can be found in Articles 26 (2-d), 16 (3-b), 18 (1-3), 38, 41, 43 and seq., 55 and seq.1.

B. INTERNATIONAL TREATIES AND AGREEMENTS

International treaties and agreements form the external sources of public finance in Cameroon. This can be seen at various levels.

The participation of the State in international life can have a budgetary impact.

The budget nomenclature includes external loans and financial assistance from multilateral agreements and treaties (with the World Bank and the IMF) and bilateral agreements (C2D with the French government). The State may also contribute financially to the functioning of international organisations.

Legal instruments established within the framework of CEMAC are also important. These are directives agreed by the Council of Ministers in order to achieve the objectives set out in the Treaty of 16 March 1994 instituting in substance:

- Article 26 (1) places financial and patrimonial issues within the domain of the Law;
- Article 16 (3-b) on the adoption or not of the State budget in the National Assembly, but it is noted that the constituent did not expressly state that the Senate also fully participates in the budgetary authorisation and plays an identical role;
- Articles 18 (1-a) on the conditions of admissibility of bills or parliamentary amendments;
- Articles 38 and 41 on the institution of an audit bench at the Supreme Court and regional courts of accounts;
- Articles 43 and following, which lay down the precedence of international financial agreements over national laws;
- Articles 55 and following, by virtue of which Regional and Local Authorities enjoy, in addition to administrative autonomy, financial autonomy in the management of their interests.

Community and its addenda dated 5 July 1996 and 25 April 2007. There are at least six of them (see bibliography) 2.

2. INFRA-CONVENTIONAL SOURCES

This refers to the multitude of legislative and regulatory instruments setting out public financial management regimes.

A. LAWS

As concerns legislative instruments, we can mention, first of all, the Laws of 11 July 2018, No. 2018-011 on the code of transparency and good governance in the management of public finances in Cameroon and No. 2018--012 on the financial regime of the State and other public entities. This new legislative framework brings to an end ten years of force of Law No. 2007-006 of 26 December 2007 on the financial regime of the State, which at the time repealed the Federal Ordinance of 7 February 1962.3.

While the above-mentioned 2018 laws currently set the renewed legal framework for the management of public finances, there are many others of a rather sectoral dimension (see bibliography). These laws are often supplemented by regulatory Laws.

B. REGULATORY LAWS

As concerns regulatory laws prescribing standards of public financial law, we can list various Decrees (see bibliography). In addition to this variety of laws, there are also circulars and other instructions issued mainly by the Minister of Finance. At the end of the financial year, the Minister issues a circular explaining the provisions of each new initial Finance Law, to ensure that they are properly applied. They are subject to interpretation by judges like other texts.

All these directives lay down rules of (secondary) law which are binding on all Member States of the Community as to the result to be achieved, while leaving to the national authorities their competence as to the means and form, legislative or regulatory. In other words, the States must transpose them into their national law.

This is contrasted with Community regulations, which are legal instruments also issued by Community institutions, of general and binding scope.

Member States are obliged to implement them in all their provisions immediately and directly, without transposing them into national law.

Whatever their era, what these instruments have in common is that they determine the rules for preparing finance laws and drafting the budget, set conditions for implementing the budget and indicate the methods for controlling this execution.

C. CASE LAW

Unlike France, which is marked by the age of its institutions, on the one hand, and the importance of case law of the Constitutional Council as well as the financial jurisdictions, on the other, Cameroon has an embryonic case law in the domain of public finance.

1. CONSTITUTIONAL CASE LAW

The Constitutional Council in Cameroon is relatively young, given its recent establishment. The very elitist conditions of its referral do not favour the control of the constitutionality of finance laws. Furthermore, the aforementioned 11

July 2018 Law, like the texts that preceded them, cannot serve as a reference standard for a constitutional review.

2. Case law of the Audit Bench

The Audit Bench of the Supreme Court, which has been in existence for at least ten years, has a number of decisions to its credit on the clearance of public accounts. Through its abundant activity, it can contribute to in drafting part of the budgetary and especially accounting law8.

The Supreme Court nevertheless acted on its behalf on a transitional basis until its effective establishment in 2017.

In France, an organic law is a law passed by Parliament to specify or supplement the provisions of the Constitution. In this case, it specifies organisational and operational procedures of the public authorities. The 1958 Constitution sets out a limit to the cases in which organic laws may be used and makes them a new category of law between constitutional laws and ordinary laws, by subjecting them to special conditions for adoption and control.

In Gabon, Senegal, Benin, Morocco, Madagascar, etc., unlike Cameroon, they are provided for in the Constitution.

In these countries, they have the advantage of serving as a reference standard for constitutionality review.

The 1 August 2001 LAW repealed the organic Ordinance of 2 January 1959.

In French law, the "bloc de constitutionnalité" or the constitutional reference standards (that is, the Constitution in the broad sense of the term or lato sensu) refers to the body of legal standards applied by the Constitutional Council in reviewing laws.

Although it is theoretically established that the judge is not supposed to create the law, as he is simply required to 'say it', this constraint is only valid when the legislative and regulatory instruments are easily applicable or can be interpreted without difficulty. The judge must otherwise rule; if not, he would be guilty of denial of justice (see Article 4 of the Civil Code).

D. THE DOCTRINE

Although it is not abundant, the Cameroonian "doctrine" in the domain of public finance is gradually gaining ground. It is expressed in books, encyclopaedias and journals, and also holds conferences and symposiums.

It is not a formal source of public finance insofar as its expression alone cannot be sufficient to create legal standards. It can, however, exert influence on legislation or case law by pointing out to their authors the inconsistencies and dysfunctions of the legal system.

In all, instruments of various kinds determine the set of legal rules applicable to public financial management. Like the other sources of law, jurisprudence and doctrine, they shed light on the institutional framework of this management.

§2. THE INSTITUTIONAL FRAMEWORK FOR PUBLIC FINANCE

The institutional or organic element makes it possible to understand public finances from two angles. This refers to their management by public entities and the exercise of financial power by constitutional organs.

A. MANAGEMENT OF PUBLIC FINANCES BY PUBLIC ENTITIES

The State, local authorities and public institutions are institutions that carry out public activities in society and are therefore in charge of managing public revenue and expenditure. Hence expressions such as "State finances", which refers to the financial management of the State, or "Local finances", referring to RLA finances. To corroborate the aforementioned, it is observed that the new law of 11 July 2018 determines a set of prescriptions.

Doctrine refers to the set of opinions expressed by the legal community, which may be academics or practitioners (professors, magistrates, lawyers), The legislator is not always well inspired or can leave a legislative blunder to be seen and questioned by the doctrine. It also accompanies the work of case law by serving as a guide to case law that is hesitant. See Pekassa Ndam (G. M), 'Doctrine et diffusion du droit dans l'espace africain francophone', in Hourquebie (F.), to doctrine dans l'espace africain francophone, Paris, DOESAF, p. 273 and Public enterprises considered, by virtue of Law No. 2017-011 of 12 July 2017 on the general statutes of public enterprises, to be legal entities under private law (Art. 3 v definitions of Public enterprise - Public capital company - Mixed economy company.

Financial regime common to the State and other public entities, while taking into consideration the specificity of the latter (Art. 2, Law No. 2018-012).

B. THE EXERCISE OF FINANCIAL POWER BY CONSTITUTIONAL ORGANS

From a constitutional point of view, financial power is shared between the Parliament and the Government. The latter prepares the budget, the Parliament votes it, the ministries execute it and the Parliament controls this execution afterwards.

This description of the respective roles of the executive and the legislature throughout the budgetary procedure is known as the "four alternating stages" rule. It is also observed in the financial management processes of regional and local authorities and public companies. It is therefore not exclusive to the State, and the same observation can be made about the perception of public finances in their material dimension.

SECTION 2. THE MATERIAL UNDERSTANDING OF PUBLIC FINANCE

The material criterion places public funds at the centre of the study of public finances. It also reveals the specificity of public finance.

§1. PUBLIC FUNDS, THE SUBJECT OF PUBLIC FINANCE STUDIES

Based on the material criterion, public finance is considered by Professor Paul Gaudemet as "the branch of public law whose purpose is to study the rules and operations relating to public funds". Public funds are funds and values that are the property of individuals and whose custody and handling are entrusted to public accountants. If the determination of these funds is set by the rules of budgetary law, their financial management is governed by public accounting law, while the regime of fiscal funds (taxes and other public levies) is governed by tax law.

This law shall apply to the State. It also applies to other legal entities of public law, subject to their specificities, such as public establishments and regional and local authorities

The rule of the four alternating times comes from Baron Louis, Minister of Finance under the Restoration period (1814) in France, and describes the respective roles of the executive and the legislature throughout the budgetary procedure in a parliamentary system.

§2. THE SPECIFICITY OF PUBLIC FINANCE

Public finance has the dual distinction of being a multidisciplinary science and being distinct from private finance.

A. THE MULTIDISCIPLINARY NATURE OF PUBLIC FINANCE

Also known as financial science or public financial law, public finance is a "crossroads subject" that can be analysed through the prism of several subjects. Indeed, it has a political, constitutional, administrative and even economic and social dimension.

We will only focus here on the constitutional dimension, which highlights the nature of the Executive/Legislative relationship. For example, the budgetary debate is the privileged moment when Parliament can examine the whole of government policy, exercise its control over the action of the Government and over public administrations by virtue of Article 14(2) of the Constitution. Such a relationship presupposes a clear distinction between public and private finances.

The public administration is often subject to reforms (reorganisation, new tasks and objectives). The fulfilment of tasks and achievement of objectives requires financial means, among others. The inefficient administrative response can therefore be attributed to lack of budgetary resources. Elsewhere, the modernisation of the administration has an important, even key, financial dimension. «Operation SPARROW HUCK and the SIGIPES process aimed at cleaning up the State's balance file are part of financial governance.

The economic aspects of public finance are important. Public spending can have an impact on the economy. For example, public procurement involves competition between economic operators who fight to avoid being excluded from the contract award process. State subventions to some sectors or economic actors can also strengthen their competitiveness.

The consolidation of public finances (search for macroeconomic balance, reduction of corruption) or its rationalisation - objective forecasts, reduction of the State's cost of living, budgetary discipline - are often presented as conditions for economic growth. Some social events such as revolutions, social crises and strikes are caused by a lack of financial resources (for example strikes by teachers and health workers).

Financial decision-making can also be aimed at avoiding such abuses.

It may involve consultation with social groups such as GICAM, which is often consulted on the finalisation of the Financial Plan (especially taxation).

Historically, the constitutional dimension stems from the fact that the parliamentary system was created when the principle of budgetary authorisation was systematised. It is through budget review that the right of political control of the Parliament over the Executive was affirmed.

B. PUBLIC AND PRIVATE FINANCES

Traditionally, the distinction between public and private finance takes into consideration the nature of the institutions involved. Thus, public financewould be concerned with the financial issues of public entities, whereas private finance would be concerned only with the issues of private entities and private finances.

The first has to do with the aims pursued. The quest for general interest imposes certain constraints and leads public bodies to go beyond concerns about performance and profit in order to satisfy the common interest. On the contrary, performance and profit are essential for private entities.

The second element is the difference in the means used. Public entities have means that are beyond the scope of ordinary law, notably the tax levy, which is characterised by its authoritarian and unilateral nature. Private entities use the means of ordinary law, their financial operations being based on contracts.

The last element has to do with the difference in management methods. If private finances are governed by a system that offers considerable freedom of management, public finances, on the other hand, are strictly regulated.

Despite these undeniable differences, there are similarities between public and private finances. Public and private entities all have expenses to assume and must find the necessary resources to cover them. To ensure this, it is necessary to draw up serious forecasts, keep rigorous accounts, ensure sufficient cash flow, borrow if necessary and organise diligent controls. On the whole, public entities are making increasing use of the management instruments that are common in the private sector.

Following this presentation of the various basic elements of public finance, it is important to examine their conceptual framework (first part) and their procedural framework (second part).

PART 1:

PUBLIC FINANCES OF THE STATE

Like any science, Public Finance Law has its own vocabulary. In this case, it makes a clear distinction between the concepts of Budget and Finance Law (chapter 1), which were once wrongly presented as synonyms.

Public finances being a major issue of power between political institutions, their management is governed by a number of equally important principles (chapter 2).

CHAPTER I:

THE CONCEPTS OF BUDGET AND FINANCE LAW

It is now established that budget is a component of the so-called Finance Law of the financial year. The latter is made up of two parts, and it is in the first part that has to do with the budget. This is a very simple approach to the distinction. This is why it is necessary to be more precise on this matter, given the density of the concept of the budget (section 1) and that of the Finance Law (section 2).

SECTION 1. BUDGET

The budget is an indispensable instrument for State action. Generally, it refers to any accounting document that reflects a plan of action and that traces all the revenue and expenditure of a public entity. In public finance law, the budget has a number of characteristics, distinguishing between revenue and expenditure, and also covers various types of documents.

§1. CHARACTERISTICS OF THE BUDGET

According to Article 4 (1) of Law No. 2018-012, "the budget describes the resources and expenses of the State authorised by the finance law, in the form of revenue and expenditure, within the framework of a budgetary year". These provisions reveal the three major characteristics of the budget: it is an instrument for forecasting and authorising, as well as periodic.

A. A FORECAST INSTRUMENT

Every budget is an instrument for forecasting various activities. These forecasts are made by the administration. In order to carry out the State's action programme, the State has to prepare a financial programme in the form of a forecast of the revenue to be collected and the expenditure to be incurred. Consequently, the revenue and expenditure incurred during the financial year are likely to vary from the forecasts, taking into consideration the socio-economic fluctuations recorded when they are carried out.

B. AN AUTHORISATION INSTRUMENT

The budget is an authorisation instrument because, through the vote of the deliberative assemblies, the budget forecast, as far as the State is concerned, takes the form of a series of authorisations given by Parliament to the Government. It is precisely through its vote that the legislature authorises the Government to collect the revenue and make the expenditure provided for in the Finance Law. One could think of a permission to execute the budget granted to the Government by the Parliament.

C. A PERIODIC INSTRUMENT

The parliamentary authorisation in budgetary matters has to do with operations with a fixed period of validity. The budget covers all the State's foreseeable expenditure and resources over a period of 12 months - known as the financial year. Authorisation is given during the budgetary session of the Parliament from November onwards.

§2. PRESENTATION OF THE BUDGET IN REVENUE AND EXPENDITURE

As an accounting document, the budget is made up of all revenue and expenditure of a public entity, authorised in a given financial year. State revenue and expenditure are provided for in Articles 4 and 23 of Law No. 2018/012 of 11 July 2018.

A. REVENUE

It is thus referred to as the set of resources or means enabling the public entity to achieve the objectives previously set in order to execute the budget. State revenue essentially comes:

- mainly from the collection of taxes and duties on various economic elements, customs duties, registration and stamp duties, etc. (tax revenue); Registration : recording in a register of an act or fact, delivery of an item, declaration of will (succession), existence of a right (ownership). The registration fee is the tax paid on this formality,
- as well as national and international loans, donations from international cooperation, assistance funds, legacies, property income, sales of goods and services, fines, penalties and confiscations (non-tax revenues), etc.

B. EXPENDITURE

Expenditure is the set of expenses that the local authority or public organisation must cover in order to carry out its missions. Classically, they are classified into two categories: current or operating expenditure and investment expenditure. According to Article 28 of Law No. 2018/012, the legislator establishes a less strict classification when it lists six (6) categories of expenditure corresponding to capital expenditure on the one hand, and other expenditure on the other.

Capital expenditure is that which results notably in purchases, construction (roads, schools, other public buildings) or major repairs to buildings, the purchase of military equipment, etc.

Other expenditure, on the other hand, includes:

- those generally considered to be operating expenditure: staff expenses (salaries, bonuses and allowances, social security contributions); expenditure on goods and services (purchase of goods, routine maintenance of buildings, roads);
- transfer expenditure (subsidies);
- financial charges on debt (interest and financial or bank charges);
- exceptional expenses (fines and settlements).

Beyond the above nomenclatures, the type of budget warrants some clarification. Amount made available to a public authority by a natural or a legal entity (private or public) in order to contribute in a public interest expense borne by the public authority.

§3. TYPES OF BUDGETS

Each public entity manages its own budget. Due to their administrative autonomy, which extends to their financial autonomy, RLAs and PEs have autonomous budgets because they are separate from the State budget.

A. THE STATE BUDGET

State budget is a composite budget. It is made up of the general budget, annexed budgets and special accounts (Art. 4--7, Law No. 2018/012).

1. THE GENERAL BUDGET

The general budget is that part of the State budget which records all its civil and military revenue and expenditure which is not specifically presented in the form of annex budgets or special accounts.

It is the most important part of the State budget.

2. ANCILLARY BUDGETS

In the Finance Law, ancillary budgets are presented alongside the general budget in order to allocate revenue to some State services (therefore without their own legal entity) which mainly carry out "an activity consisting of producing goods or providing services for which payments are made. These services therefore need to individualise their operations and manage them more flexibly, based on the rules of private accounting (see Art. 43-8, Act No. 2018/012).

Budget of means, used by Jean-Luc Aubert, Finances publiques, Dalloz, 10 edition, page 493 22 The fee or remuneration for service rendered is the price paid by a user in return for the use of a public facility or the provision of a service.

Tax can be defined as a pecuniary benefit required of taxpayers according to their ability to pay and which effects, by theft of authority, a final transfer of assets without any direct consideration, in order to achieve the general interest objectives set by public authorities.

The parafiscal tax Parafiscal taxes are considered to be compulsory levies with a specific purpose, instituted by an authority, with an economic, professional or social purpose and which is partially or totally exempt from the rules of budgetary and fiscal legislation as regards the conditions for the creation of the revenue, the determination of its base and its rate.

A tax or administrative tax is a compulsory charge levied on the supply of a non-commercial service by a public authority. Stamp duty for the issuance of a computerised identity card; household waste collection tax; University registration fees.

Several subsidiary budgets included in the finance law can only be created within the framework of a law. The rare Cameroonian experiences in this regard concern the National Printing Press, the Directorate of Major Works and Waterways, since 1974; the PTT, from 1987 to 1999. In present Cameroonian positive law, there are no longer any special accounts, unlike the Finance Law for the 2019 financial year.

3. SPECIALS ACCOUNTS

Special accounts, also known as off-budget accounts, may also be part of the State budget. Known as special Treasury accounts until the advent of Law No. 2018/012 of 11 July 2018, these accounts track revenue and expenditure made outside the general budget by State services. Generally, they are created to solve specific problems and to facilitate State intervention in the economic, social, cultural and environmental domains. Special account operations also enable the measurement of management outcomes, better than would have been possible if this financial mass had been included in the general budget of the State.

The new law provides for two categories of special accounts, as opposed to the previous law which had five. Nowadays, special accounts include special allocation accounts and trade accounts 44 paragraph (1), Law No. 2018-012).

The first track conditions provided for by the finance law, budgetary transactions financed by means of specific revenues are, by nature, directly related to the expenditure concerned. Examples include the Postal Sector Development Trust Account and the Tourism Support Scheme Trust Account.

The second that is trade accounts, record industrial and commercial operations carried out on an ancillary basis by unincorporated government services. It is worth mentioning that these services do not have ancillary budgets, as their economic activity is only incidental.

B. AUTONOMOUS BUDGET

An autonomous budget is reserved for each legal entity of public law distinct from the State. These entities are endowed with financial autonomy, in addition to their legal personality. Each year, municipalities and public establishments set and implement their own budgets through their own organs (executive and deliberative). It is worth mentioning that although the budgetary autonomy of these institutions does not exempt them from State supervision, only the State budget is included in the Finance Law.

SECTION 2. THE CONCEPT OF FINANCE LAWS

The definition of a finance law (1) will precede the presentation of the various types (§2) provided for in the 11 July 2018 Law.

$1. DEFINITION OF FINANCE LAW

Due to the diversity of finance laws, the legislator presents them by referring to their purpose, which is to set the budget regime. The purpose of finance laws, as stated in Article 12 of Law No. 2018/012, is to determine the revenue and expenditure of the State, to define conditions of the budgetary and financial balance, to adopt the State budget and to report on its execution'. These terms clearly indicate that the finance laws must contain only such provisions. If we refer to French law, any provision of a non-financial nature contained in a Finance Law is subject to approval by the Constitutional Council, which classifies it as a budgetary rider. The other feature of these laws, which stems from the terms of paragraph

4 of the aforementioned Article 12, is that they are always presented to Parliament in the form of draft bills. They are presented at various stages, suggesting that there is a diversity of Finance Laws.

For example, State Universities, CRTV, ENAM and the Yaounde 6 City Council each have an autonomous budget. The legal personality of a public entity is its ability to defend its own interests in court, because it is the holder of rights and subject to obligations (which its legal entity confers).

§2. TYPES OF FINANCE LAWS

Contrary to Art. 4 and 41 of the 26 December 2007 Law, which enshrines four types of finance laws, including the so-called partial finance law intended to ensure the continuity of national life, the 11 July 2018 Law has only three. These are the LFA, the LFR and the LR.

A. THE ANNUAL FINANCE LAW

The annual finance law is also known as the initial finance law or the primary finance law. It is the law which, in its first part, authorises, for the forthcoming financial year, the collection of the resources of the State and the coverage of all its expenses. In other words, it establishes the State budget in a provisional manner, before the beginning of the financial year.

In its second part, it sets the programmes to be implemented for the general budget. It also determines, by chapter and section, the amount of commitment authorisations and payment credits.

Commitment authorisations and payment appropriations are two types of budgetary authorisation granted for the execution of a programme (Art. 34, Law No. 2018/012). The former constitute the upper limit of expenditure that can be committed during a financial year and whose payment can extend, if necessary, over several years. The number of years covered by these authorisations is unlimited, whereas the 26 December 2007 Law stipulates, in its Article 15 (2), that their duration may not exceed three years. On the other hand, payment appropriations constitute the upper limit of expenditure that can be paid during the year to cover commitments entered into under commitment authorisations[2].

Elements (amounts, commitment authorisations, payment appropriations) of the annex budgets and special accounts are also detailed.

Example a spending service facing a contract of 100 M for a duration of four years. Parliament authorises an AE of CFAF 100,000,000 for the year Parliament authorises an amount of CA CFAF 100 million for year N. A schedule of planned expenditure under this contract has been defined to identify the PA needs over the four years: first year 20 M, second year 40 M, third year 25 M, fourth year 15 M. As the contract is legally committed in year N, the following scenario is executed:

Year N: CA 100 M and PA = 20 M
Year N 1: CA-0 and PA = 40 M
Year N 2 CA = 0 and PA = 25 M
Year N 3: CA = 0 and PA = 15 M

In this second part. It may also include miscellaneous provisions listed at the end of Article 13 of Law No. °2018-012".

The FL must be adopted during the November parliamentary session (commonly known as the budget session) preceding the start of the new financial year. On the other hand, the AFLs can only be adopted during the said financial year.

B. AMENDING FINANCE LAW

Insofar as Parliament alone is competent to authorise expenditure and revenue, it has the power to modify its own authorisations (the principle of parallelism of forms or the contrary instrument). It does so by means of amending finance laws (or supplementary budget laws) which, as the legislator states, '(...) may, during the course of the financial year, amend the provisions of the initial finance law' (Art. 17, Law of Law No. 2018). In other words, their purpose is to correct forecasts and modify the content of initial budget authorisations.

C. THE SETTLEMENT LAW

The purpose of the Settlement Act is to determine the amount of State revenue and expenditure that has been forecast, authorised or actually executed. As stipulated in Article 20 of Law No. 2018/012, it is the law that establishes the last executed finance law. This law comes into play at a later date to indicate, for a given financial year, the differences between the forecasts and authorisations contained in the Finance Law for the year, on the one hand, and the results of the actual execution of the budget by public managers, on the other.

The adoption of this law by Parliament follows the logic according to which Parliament, which has authorised the Government to execute the budget, has to endorse its execution". This law is also prepared by the Government, which is obliged, on occasion, to observe certain budget principles.

For example, the distribution of State contributions to RLAs, information relating to the information, and parliamentary control over the management of public finances, the rules of public accounting. 28 J.-F. PICARD, Finances publiques, op. Cite, p. 382.

D. MONOPOLY OF THE EXECUTIVE

The powers of authorities in charge of forecasting are set out in the article based on Article 12(4) of Law No. 2018/012: "Under the authority of the President of the

Republic, the Prime Minister, Head of Government, shall coordinate the preparation of draft Finance Bills by the Minister in charge of Finance in consultation with the constitutional bodies, the Ministers or Heads of

Services concerned".

It is clear from this that budget forecasting is carried out by the Executive, which, unlike the Legislative Assembly, has the structures and information resources that enable it to make serious forecasts. As budget forecasts are, by their very nature, subject to uncertainties, several government services are involved in forecasting.

The Directorate General of the Budget of Minfi (DGB/Minfi) is mainly in charge of preparing the budget of the State.

While the DGB/Minfi is at the heart of the preparation, the preparation of budget estimates is done on the basis of available data provided by the financial departments of the State (DGT, DGT, DGC). The DGB also benefits from the assistance of technical services of the Ministry of the Economy, Planning and Regional Development (MINEPAT) and organisations such as BEAC, the National Institute of Statistics (NIS), the Autonomous Sinking Fund (CAA), the CTS (Special Technical Committee), and the Central Bureau for Censuses and Population Studies (BUCREP).

E. RECENT INVOLVEMENT OF PARLIAMENT (THE BUDGET POLICY DEBATE)

The institution of the budget orientation debate (DOB) is a community requirement formulated in Article 9 of Orientation No. 01/11-UEAC-190-CM-22 on finance laws. It is included in Article 11 of Law No. 2018/012. It is a debate organised by

Parliament on the basis of documents and reports which the Government is required to submit not later than 1 July of year N Held in public session. This debate is not followed by a vote.

In France, the BOD has been institutionalised and extensively revised since 1991, in Article 48 of the LOFL. Its institutionalisation has an essentially political connotation and pursues a general objective of modernising public management. It is part of a set of measures aimed at involving parliamentarians more closely in preparing the budget. It aims at enlightening the Parliament on the choices envisaged by the Government. It is also an opportunity for Parliament to indicate its preferences and reservations. Finally, Parliament's involvement in the choices that are made makes it possible to prevent or defuse in advance any disputes that might arise during the finance law deliberations.

Despite their diversity, all actors are working towards Rational Forecasting.

§ 3. THE RATIONALITY OF FORECASTING METHODS

The presentation of foreign experiences will precede the presentation of the practice in Cameroon.

A. FOREIGN EXPERIENCES

Modern budget forecasting techniques emerged in the USA and France. In the USA since 1961, the federal government, under the impetus of R. Mc Namara, borrowed the PPBS (Planning, Programming, and Budgeting System) from the private sector. This management method requires a chronological approach: Before making budgetary choices, the State must set objectives, determine priorities, release the necessary resources and plan an evaluation of the results.

Applicable above all to capital expenditure, it was to inspire France, which in turn experimented with the rationalisation of budgetary choices (RBC). RBC is a technique that aims at clarifying budgetary choices through systematic studies using modern means of analysis and calculation. It has as consequences:

Firstly, an orientation towards multi-annual budgeting;

Secondly, a new articulation between voted services and authorisations or new measures and; Finally, the substitution of management control for regularity

Execution of expenditure

These American and French experiences have strongly inspired Cameroon.

B. THE CAMEROONIAN PRACTICE

Since the 1980 debt crisis, Cameroon has entered a new era. First there were the rational approaches symbolised by the structural adjustment programmes. Since then, budget forecasting has been rational. International financial backers have imposed public finance consolidation measures on developing countries using functional and target-based approaches. As a result, the success of these countries is linked to accepting a medium-term budgetary policy which is hardly blindly compatible with this proceeding. This means that the current performance-based budgeting approach is the result of the progressive abandonment of budgeting by means.

1. ABANDONING BUDGETING BY MEANS

The means-based budgeting approach was abandoned when the 7 February 1962 Ordinance came into force. It consisted of providing services with the resources they needed to operate and invest in, without, however, systematically assigning them the results they needed to achieve. It was characterised by the practice of almost automatic renewal of expenditure from one year to the next without necessarily identifying the objectives pursued.

Abandoning this budgetary management approach is justified by the many limitations it has accumulated. They were many:

Waste in operating expenditure and under-consumption of investment funds;

The weak link between the budget and national priorities;

Inadequate attention to the needs of grassroots populations;

Difficulty in measuring the impact of public spending;

Lack of a performance requirement within administrations;

Lack of multiannuality;

Means budget referred to a fragmentary vision of the action of the State.

"Thus, it was essentially on the basis of voted services that the Government established its budgetary forecasts Voted services are the part of the State budget corresponding to the renewal of the previous year's budget. No mechanism was put in place to ensure that a multi-annual dimension could be taken into consideration in rationing and executing the resources budget; the budgetary technique of the resources budget being strictly annual, it was a limit to the efficiency of public policies. The adoption of programme-based budgeting aims at reversing the negative trend of the means budget.

2. INTEGRATION OF THE PERFORMANCE-BUDGET APPROACH

Since 2007, the programme budget has reflected and accentuated the performance approach. It can be presented as the current tool for managing public finances, which consists of preparing, presenting and executing the budget on the basis of programmes. With this method, the constitutional organs, ministerial departments and other spending services define the medium-term objectives as well as results to be achieved and specifying the quantitative and qualitative indicators for measuring these results after the event within the framework of budgetary programmes.

As a result, there are a number of advantages. Firstly, by grouping together all expenditure (salaries, purchases of operating goods, purchase of equipment, etc.), each programme contributes to the achievement of a public policy objective.

Secondly, administrations will now have to "do better with less" (saving resources).

Thirdly, by combining effectiveness and efficiency with resource savings, it is possible to improve performance in achieving public policy objectives.

In all, the preparation of the budget involves a wide range of actors and is governed by clearly defined procedures and logic. It culminates in the parliamentary adoption of the FL.

CHAPTER II:

ADOPTION OF THE BUDGET

The adoption of the State budget is also known as budget authorisation. Authorisation because, by their vote, Members of Parliament transform the DFL into a legal instrument authorising the Government to implement the budget. Thus, budgetary authorisation has a dual nature. It is legislative in nature, due to the powers exercised in this area by Parliament. It is also preliminary insofar as the Finance Act must be adopted before the start of the financial year to which it relates.

We will discuss the procedure for adopting the budget (section 1) and the framework for the power exercised by Parliament (section 2).

SECTION 1. THE BUDGET ADOPTION PROCEDURE

Under parliamentary law, any DLs must go through a number of stages, beginning with tabling of the draft in Parliament (51), followed by examination, discussion and voting in the Houses (52).

§ 1-1. TABLING OF THE FINANCE BILL

Tabling the DFL in Parliament can be viewed from both an institutional and a material perspective.

A.THE INSTITUTIONAL DIMENSION OF TABLING

Before 2013, Parliament was unicameral and did not raise any real questions. The Draft Bill had to be tabled at the National Assembly not later than 15 days before the opening of the session during which it was to be examined.

Since the introduction of the bicameral system, with the creation of the Senat, the tabling needed particular attention. According to the Constitution (Art. 14 para. 1-a), the two Houses meet on the same dates in Ordinary Session and, consequently, receive the DFL at the same time.

B. THE MATERIAL DIMENSION OF TABLING

When it is tabled, the DFL is accompanied by various annexed documents (Art. 14 and 15, Law No.2008/012): These include:

The report on the nation's economic, social and financial situation and prospects;

Explanatory annexes setting out, by programme, the amount of credits presented per title for the year in question, as well as for the following two financial years;

The draft annual performance for each programme. It is these documents as a whole, including the Draft Law, which are submitted to the Houses for examination.

§1-2. EXAMINATION, DISCUSSION AND VOTE ON THE DRAFT FINANCE BILL

The Draft Finance Bill is immediately forwarded to COMFIB for expert appraisal. The adoption process begins in the National Assembly and continues in the Senate before ending in the National Assembly, in accordance with the parliamentary shuttle procedure set out in Article 30 of the Constitution. In each assembly, the procedure is the same: the committee examines the bill before the House debates and votes on it in plenary session.

A. EXAMINATION OF THE FINANCE BILL BY THE FINANCE AND BUDGET COMMITTEE

The Committee is in charge of carrying out an in-depth examination of the draft budget, since it is supposed to have the technical expertise. It hears the Finance Minister and other members of Government on the budget allocation for their ministerial departments. During their hearing, Ministers may be accompanied by their close collaborators.

The committee examines only the draft presented by the Government.

Auditors do not have the right to present a counter-draft, but they may criticise the draft and make amendments to it (rare in practice).

At the end of its examination, the Committee's general rapporteur drafts a report that will serve as a main document for the plenary session of the House.

B. DISCUSSION AND VOTE ON THE FINANCE BILL IN PLENARY

In plenary session, the discussion of the Finance Bill is based on the work carried out within the Finance Committee (see TAN and Senate Regulations). WY/SP Course in Public Finance (2-DF & KL Sem.2 2122-2122

Voting the AFL is preceded by a parliamentary deliberation on the categories of State budgetary resources and expenditure. After the General Rapporteur's presentation of the work done on the draft budget as a whole, the deliberations are launched by a general discussion. Speakers who have already registered may then make their comments.

The procedure followed is one of deliberation and vote per chapter. In reality, this procedure leaves parliamentarians with very few opportunities for action, given the legal provisions governing their powers.

SECTION 2. LEGAL FRAMEWORK OF PARLIAMENTARY POWER

Inspired by the French model of parliamentary government, the Cameroonian model has incorporated the rationalisation of legislative power which, in budgetary issues, results in a framework for the initiative (1) and vote (2) of parliamentarians.

§2- 1. FRAMING THE INITIATIVE

The financial initiative of Members of Parliament is subject to constitutional and legislative inadmissibility. The Constitution, Law No. 2018/012 (Art. 58) and Laws on the Rules of Procedure of the National Assembly and the Senate limit MPs' right of initiative and amendment on expenditure and revenue.

The purpose of these restrictions is to maintain the initial balance of the budget. If parliamentary initiatives that increase public expenditure are prohibited, those that increase revenue are authorised.

§2-2. SUPERVISION OF VOTING

Voting the budget in Parliament is subject to strict deadlines, non-compliance with which may result in sanctions.

Parliament must give its final verdict on the Finance Law within 20 days from the start of the budgetary session. The

Government, which also takes part in the legislative procedure, can reduce the deadline to 10 days by declaring an emergency when the Budget Bill is tabled. For more on this procedure, see

IR of the two assemblies and look for mechanisms to rationalise the powers (including budgetary powers) of Parliament.

If the DFB is not adopted before the beginning of the financial year, the President of the Republic may, by Ordinance, renew, by twelfths, the budget of the previous financial year until the adoption of the new budget

CHAPTER III:

BUDGET EXÉCUTION

The AFL adopted by Parliament is promulgated by the President of the Republic prior to its execution. We observe that several categories of actors are in charge (section 1), following precise procedures (section .2).

SECTION 1. ACTORS INVOLVED IN BUDGET EXECUTION

To transpose Community standards on public financial law into domestic law, Law No. 2018 has diversified the actors in charge of budget execution. In so doing, the status and respective roles of some of them have been clarified. We will identify traditional actors (§1) and new actors (§2).

§1-1. TRADITIONAL ACTORS

If the new Law enshrines, in addition to the Authorising Officer and the Accounting Officer, a third type of actor called the Finance Controller (Art. 64--2, as amended by Law No. 2018/012), it is important to focus mostly on the first two who, until now, were considered to be execution actors. They will be presented in terms of their relationship, which is governed by the principle of separation between authorising officers and accounting officers. (A) This fundamental principle calls for a fairly strict liability regime (B)

A. SEPARATION OF POWERS BETWEEN AUTHORISING OFFICERS AND ACCOUNTING OFFICERS

Budget execution is entrusted to staff whose functions are clearly defined. Their separation is based on both organic independence and their functional incompatibility (see Court of Public Accountancy).

Authorising Officers are employees of authority with decision-making powers in financial matters. According to financial legislation, their classification varies according to the revenue and expenditure they are in charge of executing.

As concerns expenditure, there are three categories of authorising officers. Firstly, main authorising officers of the State budget. These are Heads of Ministerial or related Departments and the highest authorities of constitutional institutions.

OFR/FLP. Public Finance Courses.

Then there are Secondary Authorising Officers, who are heads of the State's decentralized departments. They receive expenditure authorisations from the main authorising officers.

Finally, there are delegated authorising officers, who are managers appointed by the main or secondary authorising officers for expressly defined matters. This designation takes the form of an administrative law of the authorising officer or main authorising officer.

In terms of revenue, there is a single main authorising officer, the Minister of Finance. He may, however, delegate this power to other Heads of Ministerial or similar Departments and to members of the taxation administration. There is also a distinction between Chief Authorising Officers and Delegated Authorising Officers in terms of revenue execution.

Regardless of the appellation, the authorising officer prepares and collects revenue and commits, pays and authorises expenditure. Accountants have exclusive rights.

The collection of public resources, recovery of which has been duly authorised, Payment of expenditure duly authorised by the authorising officers;

Custody and management of public funds (funds and assets of the State or other public entities).

Any person who unduly interferes in financial operations reserved for a patent accountant is considered to be a de facto accountant. As such, he is automatically subject to the liability regime (obligations and sanctions, including criminal sanctions) applicable to public or patent accountants.

However, to facilitate budget execution, MINFI may, by order, set up revenue or imprest accounts. The revenue manager is in charge of collecting some revenues. The nature of the income to be collected, procedures for collecting it and for transferring it to the accounting officer in charge are laid down by decree. Imprest accounts receive sums limited in amount and duration from a public accountant to cover certain small-scale expenses.

Finally, the principle of the separation of authorising officers and accounting officers has a dual legal basis: there is a need to respect the distinction between appropriateness and regularity - the authorising officer is the judge of the former, while the accounting officer is the judge of the latter. From a technical point of view, the basis lies in the establishment of a division of labour as the very condition for reciprocal control between those in charge of executing the FL.

B. THE LIABILITY OF AUTHORISING OFFICERS AND ACCOUNTING OFFICERS

Since authorising officers and accounting officers belong to two different administrative orders, they are also subject to two distinct liability regimes.

The authorising officer may be held liable under the following conditions:

Commitment of expenditure without the authority to do so;

Commitment of expenditure without available credit;

Irregular changes to the allocation of credits;

Infringement of public procurement regulations; etc.

The sanction that the authorising officer risks may result from an administrative appeal within the framework of a civil service disciplinary body, or from a judicial appeal before a court of law. At present, the Budgetary and Financial Disciplinary Council can debit a member of staff who has been guilty of mismanagement, depending on the amount of damage caused, and remove them from their duties as authorising officer for a certain period of time. However, these powers have been legally devolved to your audit court since the reform of 11 July 2018 (Art. 87 and Law No. 2018/012). This means that the MTBF is still exercising them on a transitional basis pending the material transfer of powers to the said court.

Public accountants are also subject to the jurisdiction of the Audit Court and always have been because of their special liability regime. He is held personally and financially liable for any accounting errors found in his accounts. They are therefore obliged to make amends from their personal funds for any indiscretions committed in the handling of public funds.

A finding of irregularities may be penalised by the payment of a fine or by initiating legal proceedings before:

The audit judge who imposes debts up to the amount of the missing amount; Or the courts, which apply penalties provided for in the Criminal Code

(Art 124) and the 1952 Law on the repression of offences against public funds.

§1-2. NEW ACTORS

These include financial controllers and other players such as programme managers.

A. FINANCIAL CONTROLLERS

The financial controller is not exactly a new budgetary actor. The legislator recently elevated him to the rank of budgetary authority, in the same way as authorising officers and accounting officers (Art. 64 (1), No. 2018 012). He is appointed by the main and secondary authorising officers.

His duties are mainly those of prior control, which he exercises by giving prior approval to budgetary transactions. In other words, he checks that the transactions are in order. The recent integration of the performance approach into public financial management also makes the Financial Controller an actor in performance control.

B. PROGRAMME MANAGERS AND THEIR STAFF

The legislator has made programme managers a key actor in budget management by placing each programme under their responsibility. Each programme manager is in charge of achieving the results assigned to the programme. At the start of the financial year, they draw up a management protocol. This is a document that sets out the specific objectives and organises the operational planning process, actions, activities and human and material resources within the programme. This document also sets out the procedures for controlling and monitoring the implementation of the programme.

Given the importance of the programme, the official in charge of the programme sets up several mechanisms, including the strategic and operational steering mechanism, which brings together other actors (official in charge of the action, administrative unit managers) generally chosen from within the administrative unit that he/she heads. Added to this is the management control system aimed at ensuring that activities are under control so that the expected results are achieved. Management control makes it possible to forecast, follow-up and analyse the achievements of each programme and, above all, ensure that non-performance risks are minimised.

The Programme Manager is also in charge of developing performance tools such as annual performance plans and reports.

Appointed by the sector minister to whom they report, programme managers are delegated authorising officers (Art. 69 al 1", Law No 2018-012). He is accountable for his management in criminal and financial terms. On the other hand, there is no possibility of political responsibility, since only the Minister who appoints him is answerable to the President of the Republic and, together with the Government of which he is a member, in front of Parliament.

Finally, it can be said that programme managers are budgetary authorities. As such, they participate in procedures for executing expenditure.

NB : For more information, please refer to law 2018/012, the MINI Circular on the execution and control of State budget and the

Manual for Steering and Executing the Performance-Budget in Cameroon

SECTION 2. EXPENDITURE EXÉCUTION PROCÉDURES

Budget execution consists of revenue collection and expenditure execution. It is on the latter operation that we should focus. In order to protect public funds, the execution of expenditure is based on a distinction between two phases: the administrative phase, which is the responsibility of authorising officers (§1), and the accounting phase, which is the exclusive responsibility of public accountants (§2).

§ 1. THE ADMINISTRATIVE PHASE

The purpose of the administrative phase, entrusted to the authorising officers, is to establish the existence of debts against the State, to determine the exact amount of these debts and to order their payment from the public fund. It is therefore made up of three categories of operations: commitment, settlement and authorisation of public expenditure.

*** Commitment**

Commitment is the act whereby the State creates or contracts against it an obligation which will result in an expense. The event giving rise to the expenditure may be a public contract, an appointment, etc. The commitment act must be carried out by an authorised authority, within the limits of the budget allocations and the commitment period, and must be submitted to the finance controller for approval.

*** Settlement**

The purpose of settlement is to verify the veracity of the debt and the amount of the expenditure. It includes establishing that the service has been rendered and payment done. Establishing that the service has been rendered means establishing the legal existence and veracity of the State's debt. The commitment to spend does not make the State a debtor: it is the act that precedes the incurrence of the debt. The State is only liable when the work provided for in a contract has been carried out. This is known as the "service done" rule. The actual settlement consists of calculating the exact amount of the State's debt and ensuring that it is due and payable.

The authorising officer, after checking the supporting documents, proceeds with settlement.

*** authorisation**

Authorisation or mandating is the act of an authorising officer giving an order to the assigning accountant to pay the State's debt, in conformity with the outcome of the liquidation. The order to pay takes the form of a document called a payment order.

§2. THE ACCOUNTING PHASE

Reserved for public accountants, this phase is the final stage, that is, payment of the expenditure. It involves paying the State's creditor the money it is owed.

The accountant is required to pay the expenditure after ensuring that it is financially in order. Once everything is in order, payment can be made in various ways: either in cash by cash voucher, or by bank or postal transfer.

However, the accounting officer may refuse to pay an expenditure. In this situation, the file is returned to the authorising officer with an explanatory note setting out the reasons for the refusal.

However, the authorising officer may override the accounting officer's refusal and exercise the right of requisition. In this case, the Minister substitutes his liability to that of the accounting officer, which would be discharged if the irregularity of the payment were subsequently recognised.

CHAPTER IV:

CONTROL OF BUDGET EXECUTION

The financial activity of the State is of such importance that the execution of the budget must be subject to a serious control system. There are three forms of control over the execution of public expenditure involving various organisations: administrative control (sect. 1), judicial control (sect. 2) and parliamentary control (sect. 3).

SECTION 1. ADMINISTRATIVE CONTROL

Administrative control of expenditure is carried out by organs attached, in some cases, MINFI (§1) and, in others, to the President of the Republic (§2).

§1-1. CONTROL BY MINFI

MINFI is mainly in charge of ensuring that the budget is properly executed. This responsibility leads to budgetary control in order to verify and guarantee the regularity of operations. The purpose of control is to:

Supervise operations carried out by credit managers, prohibit excess expenditure of credits and ensure that commitments remain within the limits set by the Finance Law.

This administrative control has three (3) characteristics:

It is preventive, as it seeks to prevent irregularities from occurring in the first place. This control is more interesting than other forms of control which, being exercised after the event, are sometimes illusory.

It mainly affects the authorising officers, that is, the credit managers who decide on the appropriateness of expenditure,

It is an internal control within the administration.

At institutional level, administrative control is carried out by the financial controller. The latter carries out regularity checks, but sometimes attempts to check whether expenditure is appropriate. Once the checks have been carried out, the financial controller can adopt three (3) attitudes:

Append his signature: no irregularities noted;

Append his signature with observations which, although not irregular, raise concerns;

Reject: the rejection can only be lifted on the written instructions of the hierarchical superior (MINFI).

That said, other controls are carried out by public accountants and by specialised units within MINFI directorates. In all, control under MINFI differs from that under the President of the Republic.

§1-2. CONTROL UNDER THE PR

The administrative control of the execution of public expenditure may be the responsibility of the PR; this is the control exercised by the Supreme State Audit Office

(CONSUPE). Placed under the authority of a Minister Delegate at the Presidency of the Republic, this institution exercises controls over the management of authorising officers.

CONSUPE carries out auditing after the event, as opposed to auditing before the event by financial auditors. In addition, it is both an external and internal control: external, because the Supreme State Audit is not attached to the service being audited, and internal insofar as CONSUPE is an integral part of the government.

The annual audit programme is prepared CONSUPE services and submitted to the President of the Republic for approval. In practical terms, no audit may be carried out without prior authorisation from the President of the Republic.

Irregularities liable to result in sanctions are listed in Law of 5 December 1974 on the control of authorising officers, administrators and managers of public funds and State-owned companies. Under this Law, an irregularity is considered to be any management error that is prejudicial to the interests of public authorities. These include:

Commitment of expenditure without the authority to do so;

Commitment of expenditure without available credit;

Commitment of expenditure without sufficient supporting documents;

Irregular changes to the allocation of funds;

Use of personnel or State resources for personal purposes when these advantages have not been granted by Laws and Regulations etc.

According to Law No. 2008/012, mismanagement means any act, omission or negligence committed by any employee of the State, a Regional and Local Authority or a public entity, or by any representative, administrator or employee of any body, that is manifestly contrary to the public interest (Art. 88 (1) Law N□2018-012).

When such irregularities are established, the Minister in charge of the CONSUPE may refer the matter to the Budgetary and Financial Disciplinary Council (CDBF). The Council is a special kind of institution whose uniqueness is expressed in its nature and through its function. In terms of its nature, it is a body attached to CONSUPE and is therefore similar to an administration. With regard to its function, it has an adjudicative character by virtue of its operating methods, it rules on cases in compliance with standard procedures and in accordance with the adversarial principle.

That said, the CDBF can impose two types of penalty. On the one hand, the authorising officer at fault is liable to financial penalties. They may be subject to a special fine ranging from CFAF 200,000 to CFAF 2,000,000, possibly increased by the amount of the actual loss incurred by the State. On the other hand, the offending officer is subject to two types of disqualification: a 5-year ban on acting as authorising officer or credit manager, and a 5- to 10-year ban on being in charge of the administration in any capacity whatsoever.

However, disqualified officials may be granted partial or total remission of their disqualification by decree of the President of the Republic. The action CONSUPE and the Financial and Budgetary Disciplinary Council (CDBF) is politically limited, given the omnipotence of the President of the Republic, the weakness of the cases and the limited scope of decisions.

SECTION 2. LEGAL CONTROL

Judicial control answers three issues: control and clearance of accounts, sanctioning mismanagement and sanctioning breaches of public assets. This control is carried out by the judicial judge (1) and by the audit judge

§2-1. JUDICIAL CONTROL

The control exercised by the repressive judicial judge is based on 2 texts: the law of 9 November 1962 on the repression of offences relating to public assets and Article 184 of the Criminal Code on the misappropriation of public funds.

The 1962 Law is aimed primarily at anyone who has fraudulently misappropriated, stolen, defrauded or concealed public funds belonging to a person, embezzled, stolen, defrauded or concealed public funds belonging to a public entity. In this case, if the sum involved is > CFAF 100,000, the offender is liable to hard labour for life; if the sum involved is < CFAF 100,000, he or she is liable to 15 years' imprisonment.

The 1962 Law also applies to any public servant who, having been informed of an irregularity in the management of an account, does not immediately report it to the closest hierarchical authority. In this case, the official guilty of an offence of silence risks 2 to 5 years' imprisonment.

Art. 184 of the Criminal Code punishes the misappropriation of public funds with life imprisonment if the sum exceeds CFAF 500,000, with 15 to 20 years imprisonment if the sum is between CFAF 100,000 and CFAF 500,000, and with 5 to 10 years imprisonment if the sum is less than CFAF 100,000.

§2-2. CONTROL BY THE AUDIT JUDGE

After the experience of the Federal Court of Audit in the 1960s, Cameroon reintroduced an audit jurisdiction into its legal arsenal in 1996, the Audit Bench of the Supreme Court.

The latter is a true financial jurisdiction called upon to judge the accounts of public accountants according to traditional procedures and with due respect for the rights of the defence. The persons subject to the law here are accounts, in other words the accountants excluding authorising officers, except those recognised as de facto managers.

SECTION 3. PARLIAMENTARY CONTROL

There exist several control mechanisms:

§3-1 WRITTEN OR ORAL QUESTIONS

These may only be asked during an extraordinary session with a limited agenda if they relate to a matter on the agenda.

Any Member of Parliament who wishes to ask the Government oral or written questions must submit them to the Speaker of the Assembly of which he or she is a member, who shall forward them to the competent Minister after notifying the National Assembly or the Senate.

Questions must be very briefly drafted and must not contain any personal imputation against a designated third party. At the initiative of the Conference of Presidents, one sitting per week is reserved as a priority for oral questions. The Conference of Presidents decides whether to include oral questions on the agenda. The Minister, then the author of the question, has the floor alone. The person who has asked the question may be replaced by one of his or her colleagues.

Speakers must confine their explanations strictly to the text of their questions. These explanations may not exceed three (3) minutes. Ministers may declare in writing that public interest prevents them from replying or, exceptionally, that they require additional time to compile their response. This additional time may not exceed 8 days.

§3-2. ENQUIRY COMMISSIONS

Each parliamentary assembly may, by means of a motion for resolution tabled on its table, set up an Inquiry Commission. Requests for powers of enquiry must be addressed to the President of the Assembly, who shall forward them to the Assembly. They shall be placed on the agenda of the Assembly by decision of the Conference of Presidents.

Enquiry Commissions are set up, on the one hand, to gather information on specific facts and submit their results to the Assembly that created them and, on the other hand, examine the administrative, financial or technical management of public services, in order to inform the Assembly that created them of the results of their examination.

An Enquiry Commission may not be set up when facts have given rise to legal proceedings and for as long as such proceedings are in progress. If a committee has already been set up, its mission comes to an end as soon as legal proceedings have been opened in relation to the facts for which it was set up.

§ 3-3 SPECIAL RAPPORTEURS

Each year, at the opening of the first Ordinary Session of the legislative year, parliamentary commissions in charge of finance appoint a general rapporteur for revenue and special rapporteurs in charge of public expenditure and the control the use of public funds. The aforementioned rapporteurs have the power to carry out documentary and on-site inspections of documents, which may not be refused, with the exception of matters of a secret nature relating to national defence, the secrecy of investigations and medical confidentiality (Art. 85, Law of 11 July 2018).

§3-4. THE SETTLEMENT LAW

Adopting the Statutory Instrument is also a means of parliamentary control of public finances (see above). In theory, this is an important act, since it enables the actual execution of the State budget to be assessed. Practically, it is only a ratification, as there is no real use to which lessons can be drawn.

Moreover, the scope of parliamentary control is technically and politically limited to public procurement.

Democratic control, and in particular citizen control of public finances, is now given pride of place.

In addition to the above, this course has a definite practical interest. It focuses on the specific instruments for mobilising the financial resources of local authorities. It also enables techniques and mechanisms of local public expenditure to be mobilised, as well as specificities that apply to the control of the said expenditure, without omitting those relating to the tax system of local public entities under Cameroon Law.

However, assimilating the theoretical and practical interest is subject to the appropriateness of the method adopted. This will involve adopting and appropriating the rigour of legal positivism.

§3-5. THE METHOD

Legal positivism calls for the concomitant combination of dogmatics and jurisprudence, the first of which consists of interpreting the relevant provisions of normative instruments, that is, Constitutions, Codes, Laws, Regulatory Laws governing the regulatory framework and the fiscal system of decentralization in Cameroon.

Through jurisprudence, it will be a question of observing and discussing the rules and solutions of jurisprudence enshrined by the Cameroonian financial judge, that is, the Audit Bench of the Supreme Court, referred to it on a question relating to the financial issues of RLAs. It is with this methodological approach in mind that we will first study the budgetary law of Regional and Local Authorities (Part I), before turning to Cameroon's local taxation system (Part II).

PART 2 :

THE BUDGETARY LAW OF LOCAL AUTHORITIES IN CAMEROON

LAW NO. 2019/024 OF 24 DEC 2019 ON THE GENERAL CODE OF REGIONAL AND LOCAL AUTHORITIES

Article 1 of this law sets out the General Code of Regional and Local Authorities, hereinafter referred to as "Regional and Local Authorities".

It defines:

- the general framework of regional decentralisation;
- the statute of locally elected officials;
- rules governing the organisation and operation of Local Authorities;
- specific arrangements applicable to some Local Authorities;
- the financial system of Regional Authorities.

According to this law, the Regional and Local Authorities of the Republic are the Regions and Councils.

The North-West and South-West Regions enjoy a special status based on their linguistic specificity and historical heritage.

In Chapter II, Article 8, it is stated that the Regional Authorities, which are legal entities governed by public law, enjoy administrative and financial autonomy for the management of regional and local interests and regulate, by deliberation, matters falling within their competence.

They have their own budgets and resources to manage regional and local interests.

With regard to the transfer of competences, a General Grant for Decentralization is set up to partially finance decentralization.

Each year, the Finance Law sets the fraction of State revenue allocated to the General Decentralization Grant at fifteen per cent (15%) or more.

According to budgetary principles, the financial year covers one calendar year. However, a supplementary period running from 1 to 31 January of the following year is granted to local authorities for the settlement of orderly operations at the end of the financial year.

The budget voted is balanced in of revenue and expenditure.

The budget of the local authority is approved by order of the representative of the State within fifteen (15) days from the date of its receipt by the local authority. After this period, the budget is deemed to have been adopted.

Authorising officers, finance controllers and public accountants are in charge of implementing the budget of the local authority under conditions defined by the regulations in force.

Operations relating to the implementation of the budget are subject to judicial control, administrative control, control by the deliberative organ and audits.

Judicial control of the accounts of local authorities is exercised by the Court of Audit, in conformity with the laws and regulations in force.

Administrative control entails:

- control exercised by the State's control institutions and bodies;

- financial and accounting control as defined by the financial regime of the State and other public entities;
- internal audit carried out by the executive of the local authority.

An audit of the regularity, performance and management of local authorities and local public establishments, as well as private entities that have received a subsidy, endorsement or guarantee from the local authority, may be carried out by specialised State departments, in conformity with the laws and regulations in force.

When examining the draft budget or the administrative account, the deliberative organ exercises control over the implementation of the budget and related programmes and projects.

At the outset, we should recall a few basic points. These has to do with the budget law in public finance on the one hand and the legal principles of budgetary law on the other. This will give a better understanding of the content of substantive rules of budgetary law. There are two approaches to budget law. One is extensive, the other restrictive.

Budgetary law, in a broad sense, covers all the legal rules governing the budgets of public bodies.

More restrictively, budgetary law is based on the rules governing the presentation, preparation, implementation and control of the budget of public entities. In this regard, it is worth mentioning that there is a doctrinal controversy between two schools of thought in financial law.

Some authors consider that budgetary law is limited exclusively to the rules governing the preparation and presentation of public authority budgets. Others hold that budgetary law incorporates not only the first category of rules mentioned above, but also those governing the execution and control of the execution of the budget of public entities. Without wishing to settle this debate, it is worth establishing an artificial classification, for strictly educational purposes, between budgetary laws and accounting law.

Moreover, the budgetary law of the RLAs reveals a reception of the legal principles governing the State budget. In other words, the principles of the budgetary RLA law mutadis, are similar to those of the State. For example, the law on the financial regime of the State enshrines the principles of annuality, budget universality, special appropriation and balanced budget, as enshrined in Law No. 2009/011 of 10 July 2009 on the financial regime of Regional and Local Authorities in Cameroon. These principles have undergone some changes with the advent of Law No. 2018/011 of 11 July 2018 on the financial regime of the State and other public entities.

In line with the Community legislator, through the directives of 19 December 2011, the Cameroonian legislator is keen to internalise and appropriate oerformance-based budgeting as a new policy or strategy for preparing the budgets of public bodies. This new strategy, which does not completely repudiate the annuality of the budget, now enshrines performance budgeting. This postulates the development of activities and actions of public bodies beyond one budget year, but within a limit not exceeding three years Similarly, going beyond the principle of a balanced budget enshrined in Article 35 of the 10 July 2009 Law on the financial regime of RLAs, the Cameroonian legislator of 11 July 2018 now enshrines a principle of budgetary sustainability. Whereas the principle of a balanced budget is based on the prohibition of a budget deficit or surplus, the principle of budget sustainability authorises public entities to implement deficit budgets provided that they are able to meet the priority expenditure set out in budgetary programmes.

However, the legal framework for budgetary operations carried out by RLAs in Cameroon reveals some adaptations of the classic principles of State budgetary law to that of RLAs.

It is under this premise that the rules governing the preparation of the budget of the local authorities in Cameroon can be examined in greater details (Chapter 1). execution and control of execution (chapter 2).

CHAPTER V:

BUDGET PREPARATION FOR REGIONAL AND LOCAL AUTHORITIES IN CAMEROON

First of all, a conceptual clarification is necessary. This has to do with the concept of budget preparation. Derived from the Latin verb Laborare, which means to work on preparing a budget, it refers to all the legal operations or activities prior to implementing the budget of public entities. Specifically, it refers to the preparation, voting, adoption and approval of the budget.

BUDGET PRINCIPLES

DÉFINITIONS

The budget is the quantified representation of programme activities of an institution or body managing public funds. These activities therefore include both:

- Expenditure relating to the running of the Agency (staff, operations, equipment intended for the Agency) and;
- Expenditure relating to projects entrusted to it.

PRINCIPLES

The following budgetary principles can be examined:

1. MULTI-ANNUAL PROGRAMMING OF ACTIVITIES:

Annual budgets are a reflection of activities to be carried out as part of projects or operations. The effectiveness of the budgeting process will therefore depend on the quality of programming of these activities over time. This programming must take into consideration the total duration of each project.

2. ANNUAL UPDATE OF ACTIVITIES

Annual budgeting is an annual update of medium-term programming. For example, if a project is to be executed over a three (3) year period, the programming of activities must initially forecast overall expenditure over the 3 years and then allocate it to each financial year covering the period. Budgeting will then consist of specifying each year the details of expenditure for the financial year in question, taking into consideration the differences between initial forecasts and actual expenditure. This exercise is used to update performance-based budgeting for subsequent years.

2. 1 SCHEDULE FOR THE BUDGETARY PROCESS

The annual budget preparation process must be fully completed before the start of the financial year in order not to block the running of the institution and to enable budgeted expenditure to be committed.

2.2 BUDGET PRÉPARATION PROCESS

2.2.1 BUDGET PRÉPARATION INSTRUCTIONS

The purpose of the preparatory instructions is to help directors better prepare their annual budget. They are prepared on the basis of the various reports and programmes activities.

2.2.2 BUDGET EXÉCUTION

Budget execution consists of:

Implementing the budget;

Receiving budgeted resources;

Committing and paying budgeted expenditure.

Any member of staff wishing to incur expenditure must first ensure that the corresponding budget credits are available.

2.2.3 BUDGET FOLLOW-UP

A budget is always a forecasting exercise based on medium and short-term estimates of activities and costs. Comparing the actual achievements of activities with the programmes often leads to discrepancies between the initial budget forecasts and the actual achievements. These variances are due to positive or negative differences in production costs and/or volume of activity. Reactions must be made in good time to avoid budgetary impasses.

2.2.4 BUDGETARY REVIEW

Any discrepancies identified may lead to a budget review aimed at adjusting the credits allocated to the costs and activities to be carried out.

These legal documents are carried out according to a special procedure within the framework of the financial life of RLAs in Cameroon. Clearly, the study of the preparation of RLA budget in Cameroon requires an outline of the acts involved in the preparation of this type of budget (section 1). It is also appropriate to describe the procedure according to which these documents must be carried out (section 2).

SECTION I. INSTRUMENTS FOR PREPARING RLA BUDGETS IN CAMEROON

Three main documents must be considered when preparing RLA budget in the positive law of Cameroon. This includes preparation (p1) and adoption and approval of the budget of local authorities (p2).

P. 1 : PREPARATION OF THE LOCAL BUDGET

The concept of preparation is understood here in two complementary ways: one traditional or classical and the other modern or dynamic.

The traditional approach to preparing budgets for public entities entails determining the revenue and expenditure forecasts for a given public entity. However, the modern concept, enshrined in the positive law of Cameroon, by Laws No. 2007/006 of 26 December 2007 on the financial regime of the State, and Law No. 2018/011 of 11 July 2018, on the financial regime of the State and other public entities, establish the preparation of programmes as a new way of preparing the budgets of public entities.

In addition to revenue and expenditure forecasts, this involves determining the projects, activities and actions to be carried out by the public authorities over the next financial year or over a three-year period. In other words, preparing the budget involves not only a prior assessment of the community's income and expenditure, resources and costs, but also the ex-ante determination of the economic and socio-cultural programmes to be implemented during the period concerned. This is generally a three-year period. With these preliminaries in place, two urgent questions arise.

- Who is in charge of preparing the budget of a local authority?
- What are the duties and powers of the budget preparation authority?

A.THE HOLDER OF THE LOCAL BUDGET PREPARATION FUNCTION

Pursuant to Article 38 of Law no. 2009/011 of 10 July 2009 on the financial regime of RLAs, the budget is prepared by the Chief Executive. Similarly, Article 416(1) of the General Code of Regional and Local Authorities stipulates that "the Chief Executive shall prepare the budget of the local authority". However, two constraints remain. The first is legal and the second socio- political. From a legal point of view, the preparation of the State budget.

The second constraint, which is socio-economic, has to do with the need to take account of public consultations and the medium-term framework following the start of budgetary activities.

For clarification purposes, a distinction will be made between the authority in charge of preparing the local budget, depending on whether it is the council (1) or the Region (2).

1. PREPARING THE BUDGET WITHIN THE COUNCIL

The mayor is in charge of preparing the budget. This rule is based on two normative foundations. According to Article 434(9) of the General Code of Regional and Local Authorities on the law applicable to councils, "the mayor is the authorising officer for the budget of the council, the city council and the Divisional council". The second explanation for the above solution is based on Article 71 paragraph 2 of law

No. 2004 above. This Article stipulates that the Mayor is the authorising officer for the council's budget. What about the Region?

2. THE AUTHORITY IN CHARGE OF PREPARING THE BUDGET WITHIN THE REGION

In conformity with Article 65 of Law No. 2004/019 of 22 July 2004, to lay down the rules applicable to Regions, the President of the Regional Council is the executive body of the Region. In this capacity, he/she approves the revenue and expenditure of the Region, subject to the specific provisions governed by the regulations in force.

The relevant provisions of the above-mentioned law give rise to mixed feelings. While we can be satisfied with the precise determination of the chief executive of the RLA, as the person in charge of preparing the budget from an administrative and political point of view, the socio-political reality offers less cause for satisfaction.

The political background of heads of RLA authorities, as well as the quality of generally perfectible human resources at the head of local executives, may justify some apprehension as to the relevance of the socio-economic forecasts and guidelines of competent authorities in charge of preparing RLA budget. Fortunately, the legislator has taken care to specify the terms of reference of these personalities when it comes to budget preparation.

A. DUTIES OF THE OFFICIAL IN CHARGE OF PREPARING THE BUDGET

The Cameroon legislator lays down two main categories of duties for RLA Executive Heads in charge of preparing the budget.

The first duty is to prepare sincere and realistic budgets. It could therefore be said that there is a reiteration or reaffirmation of the principle of budget sincerity in financial decentralization. Budget forecasts imply the conformity of said forecasts with local or national economic reality and the overall context of the national macroeconomic situation.

In other words, the budgetary decentralization of local authorities prohibits the Executive Heads from determining budget forecasts without taking into consideration the reality of the local, national or international economic context.

The second duty incumbent on these authorities in the preparation of the budget has to do with compliance with the precise ratios determined by the legislator. Thus, capital expenditure forecasts must be set at a maximum rate of 40% (forty per cent) of total expenditure. As for the operational expenditure, this must not exceed 60% (sixty per cent) of the total expenditure; finally, the personnel expenditure must not exceed 35% (thirty-five per cent) of the operational expenditure. In any event, the above obligations are not just pious wishes, and their breach may be subject to penalties of varying degrees of rigour. For example, failure to present the draft budget before 30 November may be followed by the suspension of the executive head concerned for a period not exceeding three months. Furthermore, Law No. 2018/01 July 2018 sets fines without prejudice to other penalties that may be imposed by other courts in addition to the Audit Bench of the Supreme Court. The truth is that, under the new financial regime for the State and other public entities, the Cameroonian legislator seems to have adopted an extensive definition of mismanagement, which may be qualified and sanctioned by the Audit Bench of the Supreme Court[1]. Management fault now designates any act of omission or negligence by a State agent of a RLA, "anywhere representative or administrator, or agents of bodies manifestly contrary to the general interest. By taking note of this extensive definition of mismanagement, it is easy to include in this category the acts and other negligence likely to be attributed to the chief executive of an RLA, in the context of the preparation of the budget of that community etc. Once prepared, the draft budget must be submitted to the competent bodies for adoption.

P.2 : ADOPTION AND APPROVAL OF THE LOCAL BUDGET

It is worth analysing the bodies in charge of adopting and approving the local budget in turn (A), before examining the respective powers of these bodies (B).

A. BODIES IN CHARGE OF ADOPTING AND APPROVING THE LOCAL BUDGET

1. THE ADOPTION BODY

The adoption of the municipal or regional council budget is the responsibility of the deliberative organ of each of the local authorities mentioned above. This is the content of Article 422 (1) of the General Code of Regional and Local Authorities (RLAs), which stipulates that: "The deliberative organ shall adopt the budget of the local authority not later than 15 December of each year." Subject to the provisions of Article 423 paragraph 2 above. This Article refers to incidents that may occur during the adoption of the budget of a local authority (see info). In concrete terms, this means that the adoption of the budget is the responsibility of the municipal council in the case of the council, and of the regional council in the case of the region. As far as the trade union of the council is concerned, the founding agreement sets out the terms and conditions. Approval of the local budget.

2. THE BODY IN CHARGE OF APPROVING RLA BUDGETS

The rule enshrined in Article 426 of the General Code of Regional and Local Authorities is that "the budget of the local authority is approved for adoption by the representative of the State within 15 days from the date of receipt by the latter. After this deadline, the budget is approved." However, the legislator assigns specific tasks to the bodies in charge of adopting and approving the budget of RLAs in Cameroon.

B. POWERS OF BODIES IN CHARGE OF ADOPTING AND APPROVING THE LOCAL BUDGET

These powers vary depending on whether they are exercised by deliberative organs of C12 (1) or by the supervisory authorities of these local authorities (2).

1. POWERS OF RLA DELIBERATIVE ORGANS

In accordance with the preceding observations, it has been noted that the main tasks of the municipal council and the regional council are to adopt the budget of the council or region. Moreover, the adoption of the budget must be preceded by prior examination by the competent organ. The budget review process has both legal and political objectives. Firstly, from a legal point of view, deliberative organs are in charge of ensuring that the budget forecasts prepared by the executive organs comply with the ratios set out in Article 417 of the General Code of Regional and Local Authorities, which states that "The budgets of councils and city councils shall be prepared with due respect for the following ratios:

-investment expenditure projections should not exceed 40% of total expenditure;

-operating expenditure projections should not exceed 60% of total expenditure;

- staff cost should not exceed 35% of operating expenditure.

- Paragraph 2: "The budget of the region shall be prepared with due respect for the following ratios;

-investment expenditure projection should be set at a minimum rate. Operating expenditure estimates should not exceed 40% of total expenditure;

- staff cost should not exceed 30% of operating expenditure. "

On the other hand, from a political point of view, the examination of the budget by the deliberative organ consists of questioning and verifying the conformity of programmes prepared by the executive organs with objectives of local policies. These policies themselves are in line with national development programmes.

In addition to this power to examine the draft budget, RLA deliberative organs also have the power to amend the draft budgets submitted by the executive organs. Let us now turn to the powers of supervisory authorities.

2. POWERS OF SUPERVISORY AUTHORITIES

Ideally and traditionally, the role of supervisory authorities is to approve the budget adopted by deliberative organs of the local authorities. In addition, the law gives these authorities the power to amend the budget adopted within the local authority.

Three hypotheses are envisaged by the legislator in this respect. In other words, the supervisory authority reserves the right to automatically amend the budget adopted by the Municipal Council or Regional Council in three cases. Either the budget was not voted in balance, or the appropriations entered to cover compulsory expenditure are insufficient, or lastly, the ratios provided for in Article 19 have not been respected. However important the powers of the supervisory authority may seem to be unlimited, but they are not unlimited. Either the budget has not been voted in balance, or the credits entered to cover they are not unlimited. The supervisory authority may not amend the budget on his own initiative, nor increase expenditure, let alone enter new expenditure, with the exception of compulsory expenditure. In this respect, therefore, the supervision of RLAs by the State in no way implies a power of substitution by central government over local authorities. Finally, preparing the budget of the local authorities reveals a scientific organisation of the work between the local elected officials, specifically the executive organs and the local deliberative organs, on the one hand, and the supervisory authorities, on the other. The preparation of the local budget therefore seems to be entrusted to the executive organs, while approval operations fall within the competence of deliberative organs. At the end of the budget preparation chain are the approval organs. They are the guarantors not only of the regularity of budget forecasts, but also of the performance of the governing authorities of the local authorities. What about the procedure for preparing the local budget?

At the end of the suspension period, the governing body is given a further fifteen days to vote the budget. If the refusal persists, the deliberative organ may be dissolved. However, during periods of suspension or dissolution of the governing body, the supervisory authority may renew the budget by provisional twelfths.

A final type of incident may occur with regard to the approval of the budget.

C. INCIDENTS RELATING TO BUDGET APPROVAL

These are governed by Article 428 (1) and (2) of the General Code of Regional and Local Authorities. Paragraph 1 stipulates that "(1) When the budget is not voted before the beginning of the financial year, the representative of the State shall immediately serve a notice on the local authority concerned by any means in writing to remedy the situation within 15 (fifteen) days. Paragraph 2 adds that "The representative of the State shall extend the budget of the preceding financial year by provisional twelfths until the budget is voted and approved".

Nevertheless, the Cameroonian legislator has adopted a variety of solutions and legal mechanisms designed to guarantee the permanence and continuity of local public services, notwithstanding delays and other difficulties in budgeting for local public services within the ideal time frame. In addition to the above observations, one of the major innovations of the General Code of Regional and Local Authorities is the enshrinement of transparency and public participation in the local budget preparation process. This is in line with Article 429 of the Code, which stipulates that: "The approved budget shall be published on the website of the local authority and through posting by any means, and deposited at the seat of the local authority where it may be consulted; A copy shall be forwarded to the ministries respectively in charge of local authorities and finance".

CHAPTER VI:

EXECUTION AND CONTROL OF THE BUDGET OF REGIONAL AND LOCAL AUTHORITIES

Once they have been prepared, local authority budget forecasts must be materialised. This is the purpose of local authority budget execution.

As such the need to guarantee the regularity and performance of these operations means that they must be monitored as a matter of urgency. For this reason, it is necessary to set out the rules and principles governing the execution (section 1) and control of the execution (section 2) of these public entities. But first, it is necessary to determine in a preliminary section the nature of the resources and RLA expenses in order to better define the principles, rules and other legal techniques governing the budgetary operations of financial decentralization in Cameroon.

PRELIMINARY SECTION: the nature of revenue and expenditure of RLAs in Cameroon

The determination of the nature of expenditure (PI) must precede that of RLA revenue (PII).

P1: RLA EXPENDITURE UNDER CAMEROONIAN LAW

The Cameroonian legislator operates an ambivalent classification of RLA expenditure. Sometimes, it makes a bipartite classification (A). Sometimes, it proceeds a tripartite classification of RLAs (B).

A. THE BIPARTITE CLASSIFICATION OF RLA EXPENDITURE

This consists of distinguishing between operating expenditure (1) and investment expenditure (2).

1. OPERATING EXPENDITURE

The Cameroonian legislator qualifies the operating expenses of RLA according to two complementary criteria. The first is the final criterion and the second is the criterion of interactivity, that is, the usual or repetitive nature of the said expenditure. According to the first criterion, operating expenditure is that which is used for the day-to-day activities of RLAs. They specifically contribute in covering the current charges and obligations of these public entities.

According to the second criterion, operating expenditure is that which is renewed. This is because RLAs are public services. As such, they carry out routine activities for which they equally incur routine expenditure. Among these, and without claiming to be exhaustive, are staff costs and costs linked to the purchase of office equipment. This first type of expenditure is substantially different from investment expenditure

2. INVESTMENT EXPENDITURES

These are subject to a single criterion. This is the final criterion. This consists in purchasing equipment and infrastructures as well as the purchase of materials contributing to the enrichment of RLA assets. Beyond this first bipartite classification, there is another, the tripartite classification.

B. THE TRIPARTITE CLASSIFICATION OF LOCAL PUBLIC EXPENDITURE

The law on the financial regime of RLAs identifies compulsory expenditure, optional expenditure and prohibited expenditure. Compulsory expenditure is expenditure that must be included in the budget of a local authority. The purpose of this category of expenditure is to ensure the optimal operation of the RLA. Among other things, the legislator includes salaries and wages, allowances and other benefits provided for by law, taxes and duties to be paid, debts due, and expenditure required to carry out investment programmes.

The second category of expenditure is optional expenditure. These may be suspended when RLA resources prove insufficient.

The third and final category of expenditure is prohibited expenditure. By virtue of Article 30 (2) of the Law of 10 July 2009 on the financial regime of RLAs, this includes loans granted by a local authority to a private entity. They also include subventions to undeclared associations and other unregistered structures, subventions to associations and religious congregations, as well as to political parties. The legislator also takes care to determine the revenues of RLAs.

P2: RLA REVENUE

Here again, a distinction is made between operating revenue (A) and investment revenue (B).

A. OPERATING REVENUE

These are iterative revenue. This means that they are usually renewed. This includes tax revenue and revenue from the operation of property and services. Allocations and subventions and other sundry revenue.

Among tax revenue the legislator lists the local direct taxes, the council additional tax on the State taxes, the direct and indirect taxes paid to RLAs.

As concerns land and services exploitation revenue, we count the income from the public or private land of the region, the income from the supply of services.

The category of grants and subsidies includes, among others: the general operating grant awarded to local councils by city councils and the general decentralization grant awarded to local authorities by the State. What about investment revenue?

B. INVESTMENT REVENUE

These are ad hoc revenue. These also contribute to enriching the assets of RLAs.

With regards to this, we have long-term loans, endowment funds. However, the legal entity as well as the administrative and financial autonomy granted by the State to RLAs explain that these infra-State entities possess or dispose of the resources and execute expenditure freely alongside, or outside of the state. This is the financial implication of a fundamental principle of decentralization law: the principle of free administration of RLAs. It is still in accordance with the spirit of this principle that the financial operations of RLAs are carried out despite the controls that may apply to them.

SECTION 1 : RLA BUDGET EXÉCUTION TECHNIQUES

According to the classic nomenclature, it is possible to separately analyse the techniques for executing revenue (P1) before those governing expenditure (P2). However, before coming to the actual execution of the aforementioned operations, it is worth recalling that budget execution operations of RLAs obey the classic principles of State public accounting law.

We mostly aim at the principle of separation of authorising officers and accountants. The principle of accounting sincerity and the principle of responsibility.

Firstly, the principle of separation of authorising officers and accounting officers is enshrined in a number of legal instruments. These include Article 46 (2) of the law of 26 December 2007 on the financial regime of the State. This principle is also reiterated by Law No. 2009/011 of 11 July 2009 on the financial regime of RLAs, as well as by Article 64(2) of Law No. 2018/011 of 11 July 2018 on the financial regime of the State. The regulatory authority has in no way avoided this principle. It reaffirms under the terms of Article 7 (1) Decree 07 July 2020/375 of 07 July 2020 on the general regulations of public accounting. This Article stipulates: "The functions of the authorising officer and the public accountant. (2) The spouses and ascendants of authorising officers may not be guilty of public entities with which these authorising officers perform their duties".

In essence, this principle means that the functions of authorising officer and public accountant are incompatible.

The principle of separation of authorising officers and accounting officers establishes not only incompatibility of functions but also independence of authorities. Thus, the incompatibility of functions, this principle means that the same person or the same personality cannot at the same time exercise the functions of authorising officer and public accountant. In conformity with the Community directive of 19 December 2011, the regulatory authority, through Decree of 07 July 2020, to lay down general rules for public accounting in Cameroon, has extended the content of the incompatibility of functions. Not only does this incompatibility apply to the authorising officer and the accounting officer, but it also extends to the spouses, ascendants and descendants of the authorising officer and the accounting officer. Still with regard to the incompatibility of functions, the principle of separation between the authorising officer and the accounting officer makes the authorising officer the judge of appropriateness of public expenditure, while the public accounting officer is only the judge of regularity of the said expenditure.

Furthermore, the authorising officer keeps an administrative account, while the accounting officer keeps a management account. Beyond the incompatibility of functions, the principle of the separation of authorising officers and accounting officers also establishes the independence of the so-called independent authorities, which is assessed on the one hand on a statutory level, and on the other hand on an organic level.

Firstly, from a statutory point of view, the authorising officer within the framework of financial decentralization is an elected official. This is the case with the Mayor or the president of the regional council. However, the public accountant is generally a public official, appointed, designated or assigned to an RLA, in order to carry out payment of expenditure, collection of revenue, or the keeping public funds. That is the reason why. The law prohibits. The existence of any hierarchical relationship between these two authorities. It should be noted that, the authorising officer ensures the preparation of revenues or then with regard to expenditure, he is in charge of engaging, liquidating and approving public expenditure.

The public accountant, on his part, collects or recovers the debt or the public revenue, or else to have the expenditure paid. Within RLAs, the function of the public accountant is generally carried out by the Municipal Treasurer. However, it should be noted that Law No. 2018/012 of 11 July 2018, on the financial regime of the State and other public entities, that the function of a public accountant within public organisations in Cameroon is carried out by the accountant and the financial controller. In any way, even if the principle of separation of authorising officers and public accountants is not absolutely applicable, it must be recalled that it is a founding principle of public accounting law intended to protect the integrity of public funds, while warning public officials against the temptations of corrupt practices. Another fundamental principle of budget execution of local public entities is the principle of accounting sincerity. This principle, enshrined in Article 85 of Law 2009/011, establishes that the financial situation and assets of the RLA must be consistent with the information provided by the officials in charge of keeping the said accounts.

The last principle, governing the implementation of RLA budget, is the principle of accountability. This is a principle imported from the 19 December 2011 directive on transparency and good governance in the management of public finances within CEMAC member States.

This directive is introduced into Cameroonian law, by Law No. 2018/011 of 11July 2018, on the Code of Transparency and Good Governance in the Management of Public Finances.

In essence, these two normative instruments require public authorities to declare their assets at the beginning and at the end of their term of office.

It also requires the same actors to make public all information relating to the management of public finances. These duties naturally apply to local elected officials within the framework of financial decentralization. It is certainly under the authority of the above principles that RLA revenue and expenditure in Cameroon should be executed.

P.1 : THE EXECUTION OF RLA REVENUE

As is the case with the State, the execution of RLA revenue is subject to these categories of legal operations, or two legal phases, which are the responsibilities of the authorising officer on the one hand (A), and the public accountant on the other. (B).

A. ADMINISTRATIVE EXECUTION OF RLA REVENUE

Carried out by the Mayor or the president of the regional council.

The administrative execution of council revenue is based on two legal principles. The authorising officer is in charge of issuing a collection order and settling the amount of the revenue or debt established for the RLA or note that the authorising officer's failure to take the necessary steps in this regard is, according to Law 2018/012 of July 2018, constitutive of mismanagement. What about the accounting execution of local revenue.

B. ACCOUNTING EXECUTION OF LOCAL REVENUES

Carried out by public accounting, that is to say the municipal treasurer or the accounting officer appointed within the revenue service of the local authority, this operation revolves around the collection or payment of debt, previously initiated and liquidated by the authorising officer. Recovery is the legal operation whereby revenue is transferred from private assets to the public treasury. They are all legal transactions that contribute to the execution of local public expenditure.

P.2 : EXECUTION OF LOCAL PUBLIC EXPENDITURE

This is also carried out in two main phases. One administrative, provided by the authorising officer and the other accountant, carried out by the public accountant.

A. EXECUTION OF LOCAL PUBLIC EXPENDITURE BY THE AUTHORISING OFFICER

In conformity with standard public expenditure execution procedures, the authorities in charge of the financial management of RLAs, are required to carry out three fundamental legal acts. These include:

- Commitment
- Payment
- Authorisation

Commitment is the decision through which an administrative authority, acting as an authorising officer, imposes on a public entity, an obligation from which a financial transaction will result. This could involve recruiting a member of staff, awarding a public contract, purchasing equipment or supplies, or even assigning a collaborator.

Liquidation is the operation which consists in determining the market value, that is, the amount to be paid by the public entity for the execution of the financial commitment, initiated by the authorising officer.

Finally, authorisation is the order given by the authorising officer to the public accountant, to pay or have the estimated expenditure paid.

In all, commitment, liquidation and authorisation of the execution of public expenditure are incumbent on the Mayor of the council and therefore differ from accounting operations, which fall within the remit of the public accountant.

B. THE ACCOUNTING PHASE OF PUBLIC EXPENDITURE EXECUTION

The public accountant only pays the expenditure. Before proceeding with any payment, the public accountant is expected to request prior approval, which consists of verifying the legitimacy of the budgetary charge and the effectiveness of the expenditure.

SECTION 2 : CONTROL OF THE EXECUTION OF PUBLIC EXPENDITURE

In Cameroonian legislator does not seem to be very prolific on the methods of control of execution of local public expenditure. This reality is explained by the legal provisions which govern budgetary and accounting operations. These include, notably, administrative, political and legal control. In this light, one can distinguish, on the one hand, the No-legal control of RLA budgetary operations (PI), from the strictly judicial control of the said operations, (P2).

P.1 : NON-JURISDICTIONAL CONTROL OF BUDGETARY OPERATIONS OF RLAs IN CAMEROON

It can be administrative control, (a), or political control (b).

A. ADMINISTRATIVE CONTROL OF LOCAL PUBLIC EXPENDITURE

This is an audit of the regularity and performance of budget operations, carried out jointly. The RLA accounting officer and the finance controller are in charge of ensuring that operations are carried out correctly. The mission of the finance controller is to provide prior approval (budget visa) for all public expenditure. The authorising officer, that is, the Head of the Expenditure Department or the Chairman of the Regional Council, is prohibited from overriding the authorisation without the special authorisation of the Minister of Finance.

The regularity of budget operations is also checked by the finance controller to ensure that the authorising officer has complied with a series of prior formalities before proceeding to pay the expenditure. Still on control, prior approval of the budget by the supervisory authority also seems to be a form of a priori administrative control of the budget of the local authority. As part of the budget preparation process, the supervisory authority has the power to approve the draft budget of the local authority. As part of this, the authority checks compliance with the ratios set out in Article 38 of Law 2009/011 of 10 July 2009 on local taxation. Within this framework, this authority verifies compliance with the ratios set out in Article 38 of Law No. 2009/011 of 10 July 2009 on local taxation. The administrative control of the budget of the local authorities can also be considered as a performance tool. The 4 September 2013 Decree on the organisation of the Supreme State Audit assigns this Ministry delegate at the Presidency an authorisation to monitor the performance of public entities, including RLAs. It should be added that the power of approval of the RLA budget by the supervising authority is also a control of performance, because the supervisory authority also has the duty to check the entire programmes of the local authority with public policies.

Apart from the standard administrative control procedures described above, these may also be carried out by independent bodies, such as the National Agency for Financial Investigation (National Agency for Financial Investigation - ANIF) and the

National Anti-Corruption Commission (CONAC). Apart from the judge, the control of RLA budget can also be a political control.

B. POLITICAL CONTROL

This type of control is subject to a dual arrangement. The first is relatively new in Cameroonian political law.

The classic arrangement of the political control of RLA budget to attribute this mission to the deliberative organ of Regional and Local Authorities and through Articles 104 and 105 of Law No. 2009/011 of 10 July, 2009. Article 104 of this law stipulates that during the examination of the budget or the administrative account, the deliberative organ exercises control over the execution of the budget, as well as related programmes. Article 105 ads: the governing body may set up ad hoc committees on subjects concerning the financial management of the local authority.

Reports of these committees are submitted to the deliberative organ for approval.

From the above. It can be noted that the classic pattern of political control, of RLAs in Cameroon, can be either a priori control or concomitant control. The first control is that carried out by the deliberative organ of the council before the adoption of the budget of the said council. The Board, on the other hand, is instructed by the ad hoc committees of the deliberative organ during the current financial year.

Political control of RLA budget, now transcends the traditional framework of deliberative organs of these local authorities. Law No. 2018-011 of November 2018 on the Code of transparency and good governance in the management of public finances now requires all public managers to publish information on the financial situation of their entities also, in this regard, the law on the financial regime of local authorities obliges them to make available to local authorities documents and budgetary information on the aforementioned projects for which doctrine now considers that political control of RLA budget is becoming more of a democratic control and, in this respect, one does not hesitate to speak more and more of citizen control of public finances. Whatever the situation, budgetary operations of local authorities may be subject to judicial review, which is the object of legal control.

P.2 : THE JUDICIAL CONTROL OF THE EXECUTION OF LOCAL PUBLIC EXPENDITURE

A relative ambiguity seems to characterise judicial control of local authority budgets in Cameroon. If we take the letter of

Article 107 of Law No. 2009.0114a of 10 July 2009, we can see that judicial control of accounts of regional and local authorities is exercised by the Audit Court. In Cameroon, this function is performed by the Audit Bench of the Supreme Court. Created by Law No. 2001/07 of 21 April 2003, on the creation, organisation and functioning of the Audit Bench of the Supreme Court.

As relevant as this observation may seem, it does not seem to follow that, apart from the Audit Bench of the Supreme Court, judicial control of budgetary operations of regional and local authorities is also carried out by judicial courts, notably the Supreme Court, which are particularly repressive when an executive head of an RLA is in office is found guilty of misappropriation of public funds, that is, irregular appropriation of assets of a authority. It is in this same light that the competence of the Special Criminal Court applies when the amount in question exceeds CFAF 50,000,000.

After all, it is a truism to state that RLA resources constitute public funds. This is why they are subject to threefold administrative, political and judicial control.

Based on the foregoing, it can be observed that the financial decentralisation under construction in Cameroon has a strong budgetary and accounting dimension. This should be complemented by considerations relating to local taxes. This is the purpose of the study of the local taxation system in Cameroon.

P.3 ORGANS TO PROTECT AGAINST THE MISUSE OF PUBLIC FUNDS

The fight against corruption in Cameroon involves:

* Control institutions include, CONAC, CONSUPE, ANIF, ARMP and the National Communication Board.

* Courts, such as ICJ, 01 the High Court, the Special Criminal Court and the Specialised Section of the Supreme Court;

* Ministerial Departments effectively involved in the fight against this scourge;

* Public and para-public companies;

GICAM;

* Civil society organisations, several actors are continuing to set up their anti-corruption units in view of the new administrative configurations, notably RLAs, which have not yet really stabilised their operations.

A. ACTIVITIES OF CONAC

Implementation of the National Anti-Corruption Strategy through, on the one hand, prevention, communication, training and cooperation with stakeholders involved in the fight against corruption and, on the other hand, carrying out investigative missions in the field aimed at collecting and collating evidence of acts, practices and facts of corruption, at the end of which a summary of the financial damage suffered by the State was produced. Services of the Supreme State Audit (CONSUPE).

Internal creation of a unit to carry out this activity and within the Budgetary and Financial Disciplinary Borad (CDBF), chaired by the head of this ministerial department.

The National Agency for Financial Investigation

Public financial intelligence service instituted by Regulation No. 01/03-.

CEMAC-UMAC-CM, on the prevention and repression of money laundering and terrorist financing in each State of the Central African Sub-Region. Regulatory institutions.

These are the Public Contracts Regulatory Board (ARMP), the National Communication Council (CNC), and the Electricity Sector Regulatory Board

(ARSEL) and the Rural Electrification Board (AER).

With the adoption of the National Development Strategy 2020-2030 (NDS30), the country now has a new reference framework for its development efforts over the next decade. It articulates the domestic and international economic, social and environmental commitments of the country.

The National Development Strategy 2020-2030 is based on the lessons learnt from the implementation of the Growth and Employment Strategy Paper (GESP), which it replaces until 2030, in order to achieve the objectives of Vision 2035, which aims at making Cameroon: an emerging and democratic country united in diversity".

The GESP forecast that, despite the downward trend in oil production and the entry into force of the Economic Partnership Agreements (EPAs), total oil revenues would remain above 15% of GDP by 2020. This ratio stood at an annual average of 16.1% over the period under review. Non-oil revenue stood at an average 13.5% of GDP, above the target of 13.1%. On the other hand, the share of oil revenues in the State's own revenues dropped by an average of 8.2 percentage points over the period 2010-2017, compared with the period during which the PRSP was being implemented.

This share fell from 30.8% to 22.6% between the two periods. Specifically with regard to debt, after a long period of debt reduction following the HIPC initiative, the period covered by the GESP has seen a gradual increase in the stock of public debt. The debt/GDP ratio has risen from 16.3% in 2010 to 31.3% of GDP in 2017, then to 36.8% at the end of July 2019. This pace of indebtedness calls for greater caution, although public debt sustainability ratios in Cameroon remain below the normative ceilings according to the CEMAC convergence criterion. Ratios of public debt (domestic and foreign) to GDP and foreign debt to GDP remained below 70% and 40% respectively.

The overall objectives pursued by the NDS30 are:

(i) to establish conditions favourable to economic growth and accumulation of national wealth and ensure that the structural changes indispensable for the industrialization of the country are achieved; (ii) to improve on the living conditions of the population and their access to basic social services by ensuring a significant reduction in poverty and underemployment; (iii) to strengthen climate change adaptation and mitigate the effects of climate change and ensure environmental management that assures sustainable and inclusive economic growth and social development; and (iv) to improve on governance to enhance policy performance towards achieving development goals.

Institutional Governance and Decentralization.

During the period of implementation of the GESP, major progress has been made at institutional level. The Senate, the upper house of parliament, has been set up and is fully functional. The same is true of the Constitutional Council. In addition, several instruments have been promulgated, notably Law No. 2016/007 of 12 July 2016 on the Criminal Code and Law No. 2019/024 of 24 December 2019 on the General Code of Regional and Local Authorities.

In terms of local governance, the first competences were transferred to councils by the central Government in 2010. In accordance with the principle of progressiveness, in 2018, 63 competences were transferred by 21 ministries. As concerns attacks on public property, the system was strengthened with the creation of the Special Criminal Court (TCS) by Law No. 2011/028 of December 14, 2011 which has been operational since 2012.

SECTION 3 : EXAMPLE OF DECENTRALISED PUBLIC FINANCE MANAGEMENT

DECREE No. 2010/0240/PM OF 26 FEB 2010 to lay down modalities for the exercise of some powers transferred by the State to Councils with regard to the creation and maintenance of council roads, as well as the construction and management of crossing ferries.

ARTICLE 3.- (1) Powers transferred by the State in matters of creation and maintenance of municipal roads, as well as construction, maintenance and management of crossing ferries, are exercised by the Municipalities strictly in compliance with legal and regulatory provisions in force. (2) The execution of expenditure relating thereto is subject to the provisions of the Public Contracts Code.

ARTICLE 6 - The transfers of competencies by the State with regard to the creation and maintenance of council roads, as well as the construction, maintenance and management of crossing ferries, are accompanied by the concomitant transfer of resources necessary for their normal exercise by the Councils.

ARTICLE 7 - The Finance Law of the State provides for the resources required to exercise the powers transferred to Councils with regard to the creation and maintenance of council roads, as well as the construction, maintenance and management of crossing ferries

ARTICLE 9 - (1) Financial resources transferred by the State are exclusively reserved for the exercise of the corresponding powers.

(2) The said resources are registered in council budgets.

(3) They are managed in accordance with the budgetary and accounting principles in force.

ARTICLE 11 - The State shall monitor, control and evaluate the exercise of competences transferred to Councils in terms of creating and maintaining council roads, building, maintaining and managing ferries.

Article 12 - (1) The Council and deconcentrated services of the State shall draft a report on the state of implementation of competences transferred with regard to the creation and maintenance of council roads, as well as the construction, maintenance and management of crossing ferries.

(2) The said report shall be forwarded simultaneously to the Minister in charge of decentralization and the Minister in charge of public works.

P.1 MANAGING THE FINANCES OF COUNCIL TRADE UNIONS

The resources of a trade union of councils come from contributions from the councils, the general decentralization grant, subvention from FEICOM or other public institutions, as well as funding that can be mobilised by the trade union leaders for specific projects. These are mainly public funds that must comply with public finance management nomenclature. As it is an outgrowth of the councils, we suggest that this financial management be carried out in conformity with Decree No. 98/266/PM of 21 August 1998 to approve the council sectoral accounting plan and adopt the council budget nomenclature. Moreover, Article 140 of Law No. 2004 - 18 of 22 July 2004 to lay down the rules applicable to councils stipulates that:

"The budget is drawn up and executed in accordance with the procedures defined by the financial regime for regional and local authorities".

P.2 THE IMPORTANCE AND USEFULNESS OF INTER-COUNCIL COOPERATION IN THE CAMEROONIAN CONTEXT

Cameroonian law defines inter-council through the trade union of councils. According to Law No. 2004/018 of 22 July 2004 to lay down the rules applicable to councils in chapter II, Article 133 (1): "Councils of the same Division or Region may, through deliberations approved by a majority of at least two thirds (2/3) of each municipal council, form a trade union in order to carry out operations of inter-council interest ". This law distinguishes the trade union of councils from decentralised cooperation which, according to Article 131 (1) "is the outcome of an agreement through which two (02) or more councils decide to pool their resources in order to achieve common objectives. It may take place between councils in Cameroon or between them and foreign councils, under conditions laid down by the laws and regulations in force". It can be seen here that decentralized cooperation does not take territoriality into consideration, whereas the union of councils, which enshrines inter-council cooperation, limits it to a specific administrative territory (Division, Region).

Inter-council cooperation was conceived to compensate for some shortcomings at the level of councils, which were hampering the development of the various Regions.

The administrative and political "fragmentation" of regions into a number of detailed councils, with varying degrees of population and resources, in close proximity to each other, limits their capacity for individual action. In this context, inter-council cooperation is essential because a number of councils are in debt and have insufficient financial resources, lack qualified human resources and are unable to purchase some of the very expensive equipment they need. Some external support can be gotten more easily when councils are grouped together. Most councils in Cameroon are in debt. According to concordant information that is unfortunately not supported by written evidence, because such information is non-existent or difficult to access, the vast majority of councils in

Cameroon are in debt. The most outstanding debts are owed to CNPS for non-payment of employees' social security contributions for several years, to the now defunct SONEL (now AES-Sonel) for non-payment of electricity bills, especially for public lighting and other council facilities, and to FEICOM for accumulated financing credits for projects, other equipment and infrastructure, and so on. All these indebted councils are in a critical financial situation, which means that they do not have the financial capacity to carry out their missions properly. It is therefore in their interests to join forces with other councils to minimise expenses. For example, instead of each wanting to recruit staff and buy equipment to provide services that fall within their sphere of competence, this can be done more easily if the expenditure are shared. Majority of councils in Cameroon have insufficient financial resources. The administrative accounts of a number of councils in Cameroon show that they do not have sufficient revenue to cover their expenditure, especially on development projects. If you look at a number of these administrative accounts, you will see that revenue forecasts are very rarely met. It is very common to see councils with staff salary arrears and non-existent or very dilapidated equipment. Carrying out projects in councils is often made possible by funding from FEICOM, and increasingly from some projects such as the PNDP. Given this situation, and the fact that all the councils provide virtually the same services, joining forces within the framework of an inter-council structure would relieve the burden on each council and reduce financial pressure. In other words, pooling financial resources should make it easier to carry out joint projects from which everyone benefits.

P.3 FINANCIAL INCENTIVE MEASURES

Like councils, inter-council trade unions cannot exist without financial resources. When resources are being transferred to councils, special financial incentives should also be envisaged to encourage these authorities to move towards inter-council cooperation.

The basis for this already exists in the provisions of some new regulations that have yet to be applied. This is Article 1 of Law No. 2009/011 of 10 July 2009 on the financial regime for regional and local authorities, which stipulates that: “It shall be applicable to Regions, councils, city councils, council trade unions, and local public establishments and to any other territorial authority created by law”. There is also Article 3 of

Decree No. 2009/248 of 05 August 2009 on the terms and conditions for assessing and distributing the General Decentralisation Grant, which stipulates: "The following are eligible for the General Grant for Decentralization: Regions, Councils, Council Trade Unions and City Councils. Now that this framework has been established, it must be applied so that significant financial allocations are set aside for inter-council cooperation in the State budget.

BIBLIOGRAPHY

AKOUNE Farhana, Le statut du comptable en droit public financier, Paris, LGDJ, 468 p.

ALBERT Jean-Luc, SAIDJ Luc, Finances publiques, 6ème édition, Paris, Dalloz, collection cours, 2009, 775 p.

BARILARI André, Les contrôles financier, administratif, comptables et juridictionnels, Paris, LGPDJ, 2003, 180 p.

BOUVIER Michel, BARILARI André, La loi et la nouvelle gouvernance financières de l'État, 3ème édition, Paris, LGDJ, 2010, 251 p.

BOUVIER Michel, ESCLASSAN Marie-Christine, LASSALE Jean-Pierre, Manuel de finances publiques, 10ème édition, Paris, LGDJ, 2010, 1030 p.

BOUVIER Michel, ESCLASSAN Marie-Christine, LASSALE Jean-Pierre, Finances publiques, 11ème édition, Paris, LGDJ, 2012, 1066 p.

CATEAU Damien, Droit budgétaire-comptabilité publique, **LOLF et GBCP**, Paris Hachette supérieur, 2016,182 p.

DAMARIEY Stéphanie, Exécution et contrôle des finances publiques, Paris, Dalloz, 2017, 260 p.

LASCOMBE Michel, VANDENBDRIESSCHE Xavier, Les finances publiques, Paris, Dalloz, 2017, 260 p.

LEKENE DONFACK, Finances publiques camerounaises, Paris, Berger-Levraut 1987, 490 p.

PAYSANT André, Finances publiques, 5ème édition, Paris, Armand Colin, 1999, 470 p.

PHILIPE Loïc (dir.), Dictionnaires encyclopédiques des finances publiques, Paris, Economica, 2 vol., 1994, 1647 p.

PHILIPE Loïc, Finances publiques, 5ème édition, Paris, Cujas, 1995, 472 p.

MUZELLE Raymond, Finances publiques, Paris, Sirey, 2002, 528 p.

PICARD Jean-François, Finances publiques, Paris, Lexis Nexis/Lictec (coll. manuel), 2009, 436 p.

SIETCHOUA DJUITCHOKO Célestin, La chambre des comptes de la cour suprême du Cameroun. Les principaux arrêts, avis, rapport de certification du compte générale de l'État et rapports d'observation afin de contrôles commentés, Préface du Professeur Magloire ONDOUA, Yaoundé, Kilimandjaro, 1ère édition, 2016, 477 p.

Manuel de pilotage et d'exécution du budget programme au Cameroun, janvier 2013 (Téléchargement) en ligne.

Doctrines Articles

BIAKAN Jacques, « La réforme du cadre juridique et les finances publiques au Cameroun : la loi portant régime financier de l'État », in Ondoua Magloire (dir), L'administration publique camerounaise à l'heure des réformes, Yaoundé, L'Harmattan-Cameroun, 2010, pp. 9-28.

KOUA Samuel Eric, « La prescription de la cour des comptes comme institution supérieure de contrôle des finances publiques et le droit communautaire CEMAC aux Etats membres ; le plan comptable du Cameroun », Jurisdis périodique, n° 119, avril-mai-juin 2018, pp. 75-85.

NGUIMFACK VOUFO Théophile, « Du juge administratif au juge des comptes : l'apport de la chambre des comptes au droit des entreprises publiques au Cameroun », Revue panafricaine des sciences juridiques comparées (la mosaïque), n° 13, juillet 2016, pp. 22-64.

« Commentaire de la loi n° 2017/021 du 20 décembre 2017 portant loi de la République du Cameroun pour l'exercice 2018 », Jurisdis périodique, n° 112, octobre-novembre-décembre 2017, pp. 92-105.

« Le droit budgétaire camerounais à l'épreuve du droit communautaire CEMAC, commentaire de la loi n° 2018/012 du 11 juillet 2018 portant régime financier de l'État et des autres entités publiques », Jurisdis périodique, n° 116, pp. 44-58.

PEKASSA NDAM Gérard Martin, « Les comptes spéciaux du trésor dans les États d'Afrique francophone », Cahiers juridiques de l'université de Ngaoundéré, 2009, pp. 203-222.

PHILIP Loic, « Panorama du contrôle des finances publiques dans le monde », RFFP, n° 101, 2008, pp. 15-41.

SIETCHOUA DJUITCHOKO Célestin, « Notes sous « CSC/CDC/S3 du 18 janvier 2009, compte de gestion de l'Université de Dschang (Uds) », Jurisdis périodique, n° 84, octobre, novembre, décembre 2010, pp. 73-86.

« Le nouveau régime financier de l'État du Cameroun » (commentaire de la loi n° 2007/006 portant régime financier de l'État), Jurisdis périodique, n° 68, octobre-novembre-décembre 2007, pp. 46-66.

« La difficile gestation des juridictions inferieures des compte s du Cameroun » (commentaire de la loi n° 2006/017 fixant l'organisation et le fonctionnement des tribunaux des comptes), Jurisdis périodique, n° 68, octobre-novembre-décembre 2006, pp. 101-115.

« La réforme inachevée du contrôle juridictionnel des comptes au Cameroun » (commentaire de la loi n° 2003/005 du 21 avril 2003 fixant les attributions, l'organisation et le fonctionnement de la chambre des comptes de la cour suprême, Jurisdis périodique, n° 56, octobre-novembre-décembre 2006, 2003, pp. 73 -91.

« L'appropriation des formalités substantielles par le juge des comptes au Cameroun », Jurisdis périodique, n° 94, avril-mai-juin 2013, pp. 56-66.

« La chambre des comptes de la cour suprême, nouveau juge administratif au Cameroun », Revue juridique et politique des États francophones, n° 3, juillet-septembre 2013, pp. 269-285.

Texts

1. Directive n° 06/11 UEAC -190-CM-22 du 11 décembre relative au code de transparence et de bonne gouvernance dans la gestion des finances publiques.
2. Directive n° 01/11 UEAC-190-CM-22 du 11 décembre relative aux lois des finances.
3. Directive relative n° 02 /11 UEAC -190-CM -22 du 11 décembre relative au règlement général des comptabilités publiques.
4. Directive n° 03/11 UEAC -195-CM -22 du 11 décembre relative au plan comptable de l'État.
5. Directive n° 04/11-UEAC-190-CM-22 du 11 décembre relative nomenclature budgétaire de l'État.
6. Directive n° 05 11/UEAC-190-CM -22 du 11 décembre 2011 relative au tableau des opérations financières de l'État.
7. La loi n° 2018/011 du 11 juillet 2018 portant régime financier de l'État et des autres entités publiques.
8. La loi n° 2018/011 juillet 2018 portant code d transparence et de bonne gouvernance dans la gestion des finances publiques du Cameroun.

TABLE OF CONTENTS

Structures éditoriales du groupe L'Harmattan

L'Harmattan Italie
Via degli Artisti, 15
10124 Torino
harmattan.italia@gmail.com

L'Harmattan Hongrie
Kossuth l. u. 14-16.
1053 Budapest
harmattan@harmattan.hu

L'Harmattan Sénégal
10 VDN en face Mermoz
BP 45034 Dakar-Fann
senharmattan@gmail.com

L'Harmattan Cameroun
TSINGA/FECAFOOT
BP 11486 Yaoundé
inkoukam@gmail.com

L'Harmattan Burkina Faso
Achille Somé – tengnule@hotmail.fr

L'Harmattan Guinée
Almamya, rue KA 028 OKB Agency
BP 3470 Conakry
harmattanguinee@yahoo.fr

L'Harmattan RDC
185, avenue Nyangwe
Commune de Lingwala – Kinshasa
matangilamusadila@yahoo.fr

L'Harmattan Congo
219, avenue Nelson Mandela
BP 2874 Brazzaville
harmattan.congo@yahoo.fr

L'Harmattan Mali
ACI 2000 - Immeuble Mgr Jean Marie Cisse
Bureau 10
BP 145 Bamako-Mali
mali@harmattan.fr

L'Harmattan Togo
Djidjole – Lomé
Maison Amela
face EPP BATOME
ddamela@aol.com

L'Harmattan Côte d'Ivoire
Résidence Karl – Cité des Arts
Abidjan-Cocody
03 BP 1588 Abidjan
espace_harmattan.ci@hotmail.fr

Nos librairies en France

Librairie internationale
16, rue des Écoles
75005 Paris
librairie.internationale@harmattan.fr
01 40 46 79 11
www.librairieharmattan.com

Librairie des savoirs
21, rue des Écoles
75005 Paris
librairie.sh@harmattan.fr
01 46 34 13 71
www.librairieharmattansh.com

Librairie Le Lucernaire
53, rue Notre-Dame-des-Champs
75006 Paris
librairie@lucernaire.fr
01 42 22 67 13

www.ingramcontent.com/pod-product-compliance
Lightning Source LLC
LaVergne TN
LVHW011011061026
849535LV00006B/1832